Jürgen Storost

NICOLAS HYACINTHE PARADIS (DE TAVANNES) (1733 - 1785)

Professeur en Langue et Belles-Lettres Françoises,
Journalist und Aufklärer

Ein französisch-deutsches Lebensbild im 18. Jahrhundert

ibidem-Verlag
Stuttgart

Bibliografische Information der Deutschen Nationalbibliothek
Die Deutsche Nationalbibliothek verzeichnet diese Publikation in der
Deutschen Nationalbibliografie; detaillierte bibliografische Daten sind im
Internet über http://dnb.d-nb.de abrufbar.

Bibliographic information published by the Deutsche Nationalbibliothek
Die Deutsche Nationalbibliothek lists this publication in the Deutsche Nationalbibliografie;
detailed bibliographic data are available in the Internet at http://dnb.d-nb.de.

∞

Gedruckt auf alterungsbeständigem, säurefreien Papier
Printed on acid-free paper

ISSN: 1862-2909

ISBN-13: 978-3-8382-0249-5

© *ibidem*-Verlag
Stuttgart 2011

Alle Rechte vorbehalten

Das Werk einschließlich aller seiner Teile ist urheberrechtlich geschützt. Jede Verwertung
außerhalb der engen Grenzen des Urheberrechtsgesetzes ist ohne Zustimmung des Verlages
unzulässig und strafbar. Dies gilt insbesondere für Vervielfältigungen,
Übersetzungen, Mikroverfilmungen und elektronische Speicherformen sowie die
Einspeicherung und Verarbeitung in elektronischen Systemen.

All rights reserved. No part of this publication may be reproduced, stored in or introduced into a retrieval
system, or transmitted, in any form, or by any means (electronic, mechanical, photocopying, recording or
otherwise) without the prior written permission of the publisher. Any person who does any unauthorized act
in relation to this publication may be liable to criminal prosecution and civil claims for damages.

Printed in Germany

Gliederung

1. Einführung und erste Lebensjahre (ab 1733)   5
2. Die Berliner Zeit (ab 1753)   11
3. Die Kopenhagener Zeit (ab 1761)   31
4. Die Frankfurter Zeit (ab 1766)   65
5. Die Homburger Zeit (ab 1775)   89
6. Die Wiener Zeit (1778 bis 1785)   109
7. Zusammenfassung   117
8. Primärliteratur   119
9. Sekundärliteratur   123
10. Danksagungen   129

1. Einführung und erste Lebensjahre

Beim Rezensieren von Brekles monumentalem achtbändigem Werk *Bio-bibliographisches Handbuch zur Sprachwissenschaft des 18. Jahrhunderts* richtete ich meine Aufmerksamkeit insbesondere auf jene Verfasser, die sich mit den romanischen Sprachen befasst hatten. Bei diesem Tun fiel mir der Autor Paradis de Tavannes auf, der nun von Brekle und dessen Mitarbeitern wieder ins Rampenlicht gerückt worden war. Die Bemerkungen des Handbucheintrags weckten meine Neugier und veranlassten mich zu einer intensiveren Beschäftigung mit dieser Person, nicht ahnend, zu welchen Weiterungen die Nachforschungen führen würden, speziell wenn das ganze Lebenswerk dieses Mannes beleuchtet werden sollte. Frühere Arbeiten anderer Verfasser zu Paradis hatten lediglich einzelne Fragen des Franzosen berührt und zumeist sein davon nicht zu trennendes Leben vernachlässigt, d.h. wie Brekle auf eigenständige biographische Forschungen verzichtet.

Im Alter von nahezu fünfzig Jahren verloren sich die Lebensspuren unserer Titelfigur im letzten Fünftel des 18. Jahrhunderts bislang unbemerkt und verborgen.[1] Das ist umso erstaunlicher, als wir es mit einem außergewöhnlich aktiven und sehr gebildeten Menschen als Lehrer für französische Sprache und Literatur, als Lehrbuchautor, als Schriftsteller, Theaterautor und Gelegenheitsdichter, als Aufklärer und Wissenschaftsorganisator und -popularisator sowie als Zeitschriftenherausgeber zu tun haben, der seine Wirksamkeit in deutschen Ländern, in Dänemark und in Frankreich entfaltete.

Bemerkenswerterweise liegt aber auch der Beginn seines Lebens bis zur Stunde in einem nahezu völligen Dunkel. Dieses Dunkel ist teilweise auch dem Bestreben der Französischen Revolution von 1789 geschuldet, jedwede Rückkehr zum Ancien Régime zu verunmöglichen, indem die Revolutionäre unter anderem auch die kulturelle Missetat begingen, Kirchenbücher und Klosterakten der Zeit partiell zu vernichten. Daher besitzen wir also zunächst keinen direkten,

---

[1] SKALWEIT (1983: 211) schreibt: „Er musste Homburg 1781 verlassen und blieb seitdem verschollen." Vielleicht können weitere Recherchen etwas Licht in das Verschollensein bringen!

aktenkundigen Zugang zur Geburt von Paradis und bleiben auf Zufallsfunde angewiesen. Einen solchen Zufallsfund bescherte uns Paradis aber selbst, als er in einem seiner Werke erwähnte, dass er in Verdun im Jahre 1733[2] (Paradis 1765a: 197) geboren sei. Alle Wissenschaftler, die sich bislang mit dem Leben von Paradis befasst haben [Brekle 1998; Labbé 2004; Rüdiger 1908; Schröder 1992; Schwartz 1878, 1888; Voss 1980], sind an dem Geburtshinweis 1733 und Verdun gescheitert, da sich in Verdun keine diesbezüglichen Akten finden lassen.

Wir mussten also versuchen, einen ganz anderen Weg einzuschlagen, um hinter das Mysteriöse der Geburt zu kommen. Einen ersten Hinweis auf die Familie finden wir in einem Brief vom 6. Januar 1778, den Paradis an den Landgrafen von Hessen-Homburg schrieb: „[...] j'ai en France un frère lettré [...]".[3] In einem Brief[4] von Nicolas-Christiern de Thy de Milly (1728–1784), dem Kammerherrn des 12. Herzogs von Württemberg (1737–1793), vom 20. Juli 1772 an Nicolas Hyacinthe Paradis, wird *M. votre frère* erwähnt. Dann wird im Jahre 1756 wieder auf einen Bruder Bezug genommen, als Paradis einen offenen Brief, den er in einem seiner Periodica abdruckte, an seinen Bruder, einen Geistlichen, adressierte. (Auf diesen Brief werden wir weiter unten näher einzugehen haben.) Da es in Frankreich eine Reihe sehr guter Nachschlagewerke über Geistliche und Kirchenleute gibt, war es ein Leichtes, diesen Bruder ausfindig zu machen: es handelte sich um den gleichnamigen Nicolas Paradis (vgl. die betreffenden Literaturhinweise im Literaturverzeichnis); uns liegt eine Kopie des *acte de naissance*[5] vor, wonach dieser am 2. April 1726 in Eix, einem kleinen Winzerdorf in der Nähe, circa 10 Kilometer von Verdun geboren wurde, in dem mehrere Familien mit dem Namen Paradis ansässig waren, die auch zahlreiche Kinder hatten. Es lag also nahe, im gleichen Ort Eix im Jahre 1733 nach dem jüngeren Bruder zu suchen. Auch diese Geburtsurkunde liegt uns jetzt vor. Nicolas Hyacinthe Paradis wurde am 6. Juni 1733 als Sohn von François Paradis

---

[2] Die gelegentlich zu findende Jahreszahl 1732 ist unkorrekt: RENKHOFF 1992: 600; EICHHORN 1999: 768; LABBÉ 2004: 145. PRÉMONTVAL (1759: 355) legt das Geburtsjahr auf ca. 1735, was ebenfalls nicht korrekt ist.
[3] Hessisches Staatsarchiv Darmstadt, Bestand D 11, Nr. 128/10, Bl. 30v.
[4] Universitätsbibliothek Kassel, Bereich 6: Murhardsche Bibliothek der Stadt Kassel.
[5] Für die Kopie dieser Urkunde bin ich den Archives départementales de la Meuse und deren Direktorin, Frau LYDIANE GUEIT-MONTCHAL, äußerst dankbar. Diesem Archiv verdanke ich manche nützliche Information.

(geb. 2. Januar 1701 in Eix), dessen Beruf nicht angegeben ist, der aber sehr wahrscheinlich Winzer war, und dessen Gattin Anne Simon in Eix geboren. Die Eltern hatten am 3. Juli 1725 geheiratet. [Die Eltern von François Paradis waren Jean Paradis und Jeanne Vigneron; Anne Simon war die Tochter von Gérard Simon und Marie Maréchal; diese letzteren Eltern hatten auch einen Sohn namens Nicolas Simon, der wiederum als Pate von Nicolas Hyacinthe zur Verfügung stand und seinen Vornamen dafür gab.] In der Geburtsurkunde wird der zweite Vorname Hyacinthe nicht erwähnt; wir lesen also nur Nicolas. Nun haben wir zwei Nicolas Paradis; um eine Unterscheidung herbeizuführen, wurde außerhalb der Kirchenbücher Hyacinthe hinzugefügt. Wenn Paradis seinen Geburtsort Eix nicht erwähnte, so lag sein Motiv offensichtlich darin begründet, dass dieser Ort so klein war, dass man ihn nicht kennen musste; und das nahe Verdun war vergleichsweise wesentlich größer und bekannter.

Im Folgenden wollen wir das recht heterogene Schaffen und Wirken von Nicolas Hyacinthe Paradis aufklären, wobei es sich anbietet, die prosopographische Methode und den Lebensweg des Protagonisten als Ariadne-Faden zu wählen.

Die erste Schulausbildung empfing Nicolas Hyacinthe Paradis in Verdun[6], wobei er danach augenscheinlich dem Ausbildungsweg seines Bruders Nicolas, des Karmeliterbarfüßers, folgte. Dazu haben wir einen Zeitzeugen, der uns später noch beschäftigen wird und der Paradis offensichtlich persönlich kannte, da sich beide später in Berlin begegnet waren. Es ist der berühmte und berüchtigte Sprachkritiker Prémontval. Dieser berichtet, dass Paradis ein Noviziat bei den Lazaristen in Paris absolviert habe (Prémontval 1759: 355). Seit 1608 existierte der Lazarusorden, der seinen Namen von der Priorei Saint-Lazaire in Paris hatte, gemäß der Anerkennung durch den Papst in einer Union mit dem Orden unserer Lieben Frau vom Berg Karmel, so dass wir hier den Lebensweg des unbeschuhten Karmeliters (*carme déchaussé*) Nicolas Paradis veranlasst sehen, der den strengen Ordensregeln (Schweigen, Einsamkeit, fleischlose Ernährung, Gebet, manuelles Arbeiten) folgte. Diese Strikten waren die Observanten im Ge-

---

[6] Einem seiner Mitschüler in Verdun, Mr. STEMME, widmete PARADIS ein Gedicht (Paradis 1765: 220).

gensatz zu den Konventualen, die nach gemilderten Regeln lebten und beschuht waren.

Neben der Seelsorge bestand eine gleichermaßen wichtige Aufgabe der Lazaristen darin, für Priesternachwuchs zu sorgen und sich um die Ausbildung mittelloser Kinder, vor allem vom Land, verdient zu machen. Dazu gab es einen *petit séminaire* und einen *grand séminaire*. In letzterem erfolgte dann die eigentliche Priester- und Missionarsausbildung. Die Knaben traten im Alter von circa dreizehn Jahren in das kleine Seminar ein. Für Nicolas Hyacinthe geschah das im Jahre 1747, wie er *post festum* im Jahre 1771 anmerkte; er war also schon vierzehn Jahre alt.[7] In der Ausbildung, deren Endziel schlussendlich die Priesterweihe sein sollte, standen die Lazaristen den Jesuiten sehr nahe, was bedeutete, dass den internatsmäßig untergebrachten Schülern eine gediegene Ausbildung zuteil wurde, sie aber auch einer extremen Zucht und Disziplinierung unterworfen waren. Es ist bekannt, dass es immer einige Absolventen gab, die durch diese Strenge dem katholischen Glauben abtrünnig geworden sind. Der Ausbildungskanon im Seminar, das in seinem Bildungsanspruch einem humanistischen Gymnasium ähnelte, umfasste Philosophie (insbesondere den cartesianischen Rationalismus), Theologie, Kasuistik, Katechismus, die Heilige Schrift, Logik, Metaphysik, Moral, Physik, Mathematik und schließlich Rhetorik, Klassische Sprachen, Grammatik, Vorlesungen über Literatur, vor allem aber auch erschöpfend französische Sprache mit Blick auf späteren rhetorische Schulung voraussetzenden Einsatz als Seelsorger. Das Mutterhaus der Lazaristen in Paris erwies sich bei unserem Anliegen, nähere Informationen zu erhalten, als überaus nicht kooperativ und konnte keinen Beitrag zu unserer Darstellung liefern. In einem Gelegenheitsgedicht für seine Eltern ging Paradis (1765: 197) kritisch mit dieser Seminarzeit ins Gericht:

Vous savez qu'à seize ans, en latin, comme en grec,
J'avais, à ce qu'on dit, bonne plume & bon bec;
Mais, grace à nos pédans, l'étude de collège,

---

[7] In der zweimal pro Woche erscheinenden Gazette d'Agriculture, commerce, arts et finances, (G.A.C.A.F.) Nr. 79, von Dienstag, den 1. Oktober 1771, Seite 629a erwähnt er: „[...] ayant quitté [la] Patrie à l'âge de quatorze ans[...]". „Patrie" meint hier die unmittelbare Heimatregion von Verdun. Den Hinweis auf dieses Zitat verdanke ich DAUMALLE (2005: 220).

En France, comme ailleurs, n'est souvent qu'un manège
Qui fait d'un bon esprit un magasin de mots,
Et forme, par malheur, moins d'hommes que de sots:

Als sich Paradis Jahre später mit Fragen der Erziehung beschäftigte, berührte er auch noch einmal das Thema der Ausbildung in Klosterschulen. Dabei fand er Worte einer vernichtenden Kritik (Paradis 1768: 70):

„Ces établissemens, supposé qu'on puisse faire son salut sans se séparer du reste du genre humain, sont moins utiles, que nuisibles à la société. Toutes les jeunes personnes qu'on élève dans les cloîtres ne s'y attachent point par des vœux; mais elles y puisent un fond de préjugés & de superstition qui le plus souvent les empêche de recevoir une éducation raisonnable. Elles méprisent tout ce qui n'a pas l'air monacal, elles n'écoutent que des gens séquestrés du monde, & ce sont ces sortes de gens qui sont le moins propres à élever ceux qui se destinent au monde."

Bei aller aufklärerischen Kritik im Hinblick auf die Gesellschaftsschädlichkeit, die *préjugés* und die *superstition* sowie die eingeschränkte Lehrkompetenz der Klosterbrüder wird Paradis sicherlich nicht vergessen haben, dass er bei den Lazaristen eine fundierte klassische Ausbildung bezogen hatte, von der er sein ganzes Leben lang profitieren konnte, wie es in seinen Schriften immer wieder evident wird.

Eigener Aussage zufolge verließ Paradis Frankreich um 1750: „il quitta sa patrie environ l'an 1750" (Paradis 1765: 197). Prémontval allerdings schrieb, dass Paradis im Jahre 1753 nach Berlin kam (Prémontval 1759: 355). Letztere Nachricht erscheint wahrscheinlicher, da man das Seminar der Lazaristen in der Regel für acht Jahre besuchte.

2. Die Berliner Zeit

Die Gründe, warum Paradis Frankreich verlassen hat, liegen im Dunkeln. Man darf aber spekulieren, dass in der Tat die überaus strenge jesuitische Erziehung bei den Lazaristen den jungen Mann bewogen hat, den katholischen Glauben aufzugeben, wobei er allerdings als Nichtkatholik in Frankreich keine Zukunft gehabt haben dürfte. Deshalb folgte er offenkundig den Spuren der Hugenotten und begab sich in ein religiös vermeintlich tolerantes Land. Paradis ging nach Preußen und ließ sich in Berlin nieder, in einer Stadt, die im Jahre 1750 bereits circa 113 300 Einwohner hatte. Konfessionell war Preußen durch das Luthertum geprägt; Katholiken, Juden und Kalvinisten waren diskriminiert. Wenn also Paradis in Preußen reüssieren wollte, musste er zum Luthertum konvertieren (Paradis, der Opportunist!)[8]. Zudem war bekannt, wie sehr in Preußen die französische Sprache, vor allem in den höheren Ständen und im gehobenen Bürgertum, gepflegt wurde, so dass sich Paradis versprach, mit seinen bei den Lazaristen erworbenen hervorragenden Französisch-Kenntnissen einen Broterwerb einrichten zu können. Außerdem wusste Paradis, dass in der sozialen Hierarchie Preußens erst der Adlige etwas galt. Also war es dem Neuankömmling ein Leichtes, sich klaglos ein französisches Adelsprädikat zuzulegen: er nannte sich fortan: Paradis de Tavannes (Paradis, der Geltungsbedürftige oder Parvenu!). Damit spiegelte er eine adlige Provenienz vor, um in Preußen bürgerlich zu reüssieren.

Aber der französische Berliner Kritikaster Prémontval mochte dazu nicht schweigen: er siedelte den Namen bei einem berühmten französischen Adelshaus an und meinte:

> „Je ne conteste point à M. *Paradis* le surnom de *Tavanes*, qu'il n'a pris que deux ou trois ans depuis son arrivée à Berlin. Je ne l'accuse point non plus d'avoir voulu par là en imposer à qui que ce soit, ni directement ni indirectement: mais je l'exhorte à s'expliquer en homme d'honneur sur ce sujet; je l'avertis que l'on s'y trompe. En atten-

---

[8] STRAUSS (1914: 90) zählt ihn fälschlicherweise zu den Calvinisten; DAUMALLE (2005: 220) behauptet, er sei mit neunzehn Jahren zur „religion réformée" konvertiert, was ebenfalls unrichtig ist. DAUMALLE (2005: 272) bezeichnet ihn sogar als „huguenot réfugié", was nun überhaupt nicht stimmt.

dant, ne fût-ce que pour sa propre justification, il ne trouvera pas mauvais que j'apprenne aux Personnes curieuses de Généalogies, 'que l'illustre Maison de *Tavannes* ou *Tavanes*, (ceci n'est qu'une affaire d'Orthographe;) a pour nom de famille *de Saulx*, & non *Paradis*; & qu'ainsi, qui se nomme *Paradis* & en convient, n'a, ni ne prétend avoir, avec elle rien de commun pour la naissance.' Cela est clair. A l'égard du goût qu'a eu M. Paradis pour ce surnom, & des raisons qui lui ont fait prendre, c'est autre chose. Il pourra nous mettre au fait de ces particularités quand il voudra. – Grace à Dieu, je n'ai donc rien à démêler avec une Maison très respectable. Il eût été fâcheux pour elle & pour moi, qu'elle eût fourni à l'Allemagne un Grammairien qui se pique aussi peu de décence, & que je suis contraint de relever en termes si forts." (Prémontval 1759: 353f.).

Die Sache schien hingegen viel einfacher zu sein, als Prémontval sie darstellte. Unbeschadet des Strebens von Paradis nach einem höheren sozialen Stand mit dem Vorteil für eine gedeihliche berufliche Karriere in einem Ambiente, das sich von anderen sozialen Schichten durch sein französisches Parlieren abzugrenzen trachtete, sollte man versuchen, die Namenswahl auf einer anderen Ebene anzusiedeln, die in höherem Maße wahrscheinlich erscheint.

Paradis war im lothringischen Eix geboren und aufgewachsen. Gerade für ein Kind können lokale Gegebenheiten sehr prägend sein. In Eix gab es früher einen Wald, der Tavannes hieß[9], und der Bach, der in diesem Wald seine Quelle hatte, hieß ebenfalls Tavannes. Ebenso gab es in Eix eine Wallfahrtskirche mit Namen Tavannes.[10] Wenn man Paradis trotz allem doch eine gewisse natürliche Bescheidenheit zugesteht, kann man die Namenswahl auf die Toponymie von Eix zurückführen. Diese These wird dadurch gestützt, dass er in dem oben genannten offenen Brief an seinen Karmeliterbruder die folgende Anrede wählte: „Lettre à Mr. P… de Hattonville. Pasteur de l'eglise de *** dans le Diocèse de Verdun". Hierbei wollte Paradis offenbar bei den Lesern einen gewissen Eindruck erhalten, obwohl es höchst unwahrscheinlich ist, dass sich ein Angehöriger eines Bettelordens absichtlich ein Adelsprädikat zugelegt hätte. Was ist also Hattonville? Es ist ebenso wie Tavannes der Name eines Baches beim lothringischen Dorf Hattonville, also wieder eine Toponymie. Dieses ganze Namens-

---

[9] Dieser Wald ist auf einem nach einer Cassini-Karte angefertigten Kroki des Verduner Gebiets aus dem Jahre 1792 verzeichnet. Diese Karte findet man im Kartenanhang des Werks von Fernand Marie Albert CHALIGNE, Histoire militaire de Verdun, Paris: Charles-Lavauzelle & Cie, 1939.

[10] Im 19. Jahrhundert wurden noch ein *Tunnel de Tavannes* und ein *Fort de Tavannes* gebaut.

Quiproquo scheint doch eher auf das Sprichwort „Mehr Schein als Sein" hinauszulaufen.

Ein anderes Argument, das man für das Streben von Paradis nach einer höheren sozialen Position ins Feld führen kann, gründet sich darauf, dass in den deutschen Ländern, nicht nur in Preußen, die Stellung eines Sprachmeisters ebenso wie an den deutschen Universitäten ein ziemlich geringes Renommee besaß; der Sprachmeister wurde in einem Atemzug mit den Tanz-, Fecht- und Reitlehrern genannt. Da verlangte es der Ehrgeiz des jungen Mannes, herausgehoben zu werden.

Paradis wollte Französisch unterrichten, um sich seine Existenz zu sichern. Seine Internatsausbildung im Hinblick auf die französische Sprache war fundiert und auf die neuesten französischen Grammatiken (Girard, La Touche, Restaut, Buffier) gestützt. Paradis' Idee war es, sich zunächst als *maître de pension* ins Spiel zu bringen; darunter versteht er einen „Mann, der junge Leute in die Kost nimmt, sie zu unterrichten." (Paradis 1759: 58). Dieses Angebot richtete sich an solche Familien, die nicht in Berlin, sondern in der Umgebung wohnten und über die finanziellen Ressourcen verfügten, ihre Kinder in Berlin internatsmäßig unterzubringen, wo sie verpflegt und in französischer Sprache und Literatur unterrichtet wurden. Für Paradis dürfte hier die Internatserfahrung, die er bei den Lazaristen gesammelt hatte, eine Rolle gespielt haben.

Aus französischer Sicht unterrichtete er quasi Ausländer mit germanophoner Artikulationsbasis, die sich also dem Französischen von deutscher Warte aus näherten. Ihnen das Lernen zu erleichtern, verfasste und veröffentlichte Paradis im Jahre 1755 in Berlin eine kleine Schrift *Essais sur l'art de s'énoncer et d'écrire corectement*, die 1757 in erweiterter Fassung und mit deutscher Übersetzung von Georg David Lohde[11] erschien (Paradis 1757a). Paradis begründet sein mit diesem Werk verbundenes Anliegen:

„L'habitude que j'ai sans cesse avec des étrangers, m'aiant fait ouvrir les yeux sur des usages bizars introduis dans notre langue, j'ai cru rendre un service important à des

---

[11] Georg David Lohde wurde ~ 1724 in Zettitz (Kreis Crossen, Neumark) geboren. Regimentsquartiermeister bei den Zieten-Husaren in Berlin. Aus seiner Feder stammen verschiedene kleine Schriften, und er verfasste Gedichte in deutscher und französischer Sprache. Seit 1782 war er königlich preußischer Kriegsrat und geheimer Sekretar im Militärdepartement des Berliner Generaldirektoriums.

écoliers, confiés à mes soins, si je pouvais aplanir des dificultés rebutantes qu'ils rencontrent à chaque pas. M. de Prémontval dont tout le monde admire les productions a comencé la réforme avant moi, M. de Voltaire a poussé les choses plus loin, il ne me reste plus qu'à suivre le plan que deux modéles si parfais m'ont tracé." (Paradis 1755: 10)

Bei dieser Passage fällt auf, daß Paradis die Konsonantenverdoppelung zurückgenommen hat: die Reduplikationen würden Aussprache und Lesbarkeit nur erschweren. Offenbar orientierte sich Paradis an einer von der Académie française auf den Weg gebrachten Initiative zur Vereinfachung der Orthographie im Sinne der Anpassung an den zeitgenössischen Aussprachetrend. Diesen Bemühungen begegnete man bereits bei dem Mitglied der Académie française, dem Abbé de Dangeau (1643-1723), und dessen *Essais de grammaire, qui contiennent : I. un discours sur les voyèles, II. un discours sur les consones, III. une lêtre sur l'ortografe, IV. supplément à la lêtre sur l'ortografe. - Suite des essais de grammaire* aus dem Jahre 1711. Dangeau hatte als Erster die französischen Nasallaute beschrieben, woran sich Paradis auch angelehnt hat. Entscheidend fortgesetzt wurden die Initiativen allerdings von Dangeaus Nachfolger in der Akademie, dem im Grunde konservativen und den Anciens zuzurechnenden jesuitischen Abbé Pierre Joseph Thoulier d'Olivet (1682–1768), der maßgeblich am Zustandekommen der dritten Auflage des Akademiewörterbuchs von 1740 beteiligt war, in dem ein Großteil des französischen Wortschatzes aktualisiert wurde. Das zeigte sich im Ausmerzen „unnötiger" Grapheme: so wurde das *h* bei Wörtern wie *autheur, authorité* oder *thrône* entfernt. Das stumme *s* in *être* und *descrire* fiel und wurde durch Akzente ersetzt. Stumme Konsonanten im Wortinnern fielen aus, so das *p* bei *recepvoir* (übersehen wurden dabei die *p* bei *sculpteur* und *baptême*). Es fielen auch das *d* bei *adjouster* oder *adveu* und das *b* bei *debvoir, febvrier* u.a. Der Aussprache angepaßt und vereinfacht wurden Schreibweisen wie *Phantôme* zu *fantôme*. In diese Maßnahmen glaubte sich Paradis einklinken zu sollen: Sein Beispiel ist *conoitre* statt *connoitre, w*obei hier auch noch ein Ausspracheaspekt zum Tragen kommt: seit Marots Zeiten lautete die Aussprache des *oi*: [oɛ]. So regt Paradis die Schreibweise *conaitre* an ebenso wie *français* statt *françois*. In der Tat hat sich diese Angleichung mit der Französischen Revolution von 1789 durchgesetzt. Eine Einschränkung ist jedoch anzumerken: das in der sprachlichen Diaspora existierende kanadische Französisch hat diese Aussprache des Ancien Régime bis heute bewahrt, also: *moi* [moɛ], *toi* [toɛ], le toit [toɛ], le roi [roɛ] usw. Allerdings erweist sich Paradis im Weiteren als nicht konsequent, denn in seinem weiter unten besprochenen *Poëme* von 1761 schreibt er, als er sich auf *Pandore* bezieht: *la boette* – ein Beleg für die zeitgenössische Aussprache von *la boîte*.[12]

Paradis bemerkt ferner eine Ausspracheschwierigkeit der Deutschen bei den Phonemen *B* und *P*, die sie verwechseln. Offenbar hatte unser Autor diese sächsische Eigentümlichkeit auch in Berlin beobachtet. Oder das *D* am Wortende [Beispiel französisch *David*] neigt im Deutschen zur *T*-Artikulation, also zur Desonorisierung. Im Übrigen beschreibt Paradis die Phonetik der Grapheme des Alphabets und hebt Besonderheiten des Deutschen heraus, die im Französischen zu vermeiden sind, so die Gleichsetzung der Aussprache von *F* und *V*.

Die Schrift, die im Jahre 1757 unter dem gleichen Titel als ausführliches Werk erschien, wurde von dem Berliner Mathematiker und Pädagogen André-Pierre Le Guay de Prémontval (1716-1764)[13] einer Kritik unterzogen. In Berlin wirkte dieser Protestant und erfolgreiche Pädagoge wie Paradis als *maître de pension*. Beide Franzosen einte die Gegnerschaft gegenüber den Jesuiten. Gefürchtet war Prémontval als Kritiker des in Berlin gesprochenen Französisch, wobei er durchaus auch eine kritische Position gegenüber dem Französischen Frankreichs einnahm. Diese Sprachkritiken sammelte Prémontval in einem Periodikum mit dem Titel

„*Préservatif contre la corruption de la Langue Françoise, en France, & dans les Pays où elle est le plus en usage, tels que l'Allemagne, la Suisse, & la Hollande*: Ouvrage périodique utile aux Personnes de l'un & de l'autre Sexe; contenant
1° des Avis sur les Fautes qui se commettent tous les jours en parlant & en écrivant, & sur quantité de mauvaises Habitudes que l'on contracte d'après des Modeles vicieux;
2° des Observations sur la Littérature, le Goût, le Style épistolaire & celui de la Conversation, les Regles de la Lecture tant soûtenue que familiere, l'Art de faire un Récit, de dresser un Mémoire, une Relation &c.
3° enfin les Principes de cette Eloquence usuelle *si agréable dans le commerce de la Société, avec les Moyens faciles de s'y former dans la jeunesse*"

---

[12] Eine Anmerkung sei an dieser Stelle gestattet: Das Musikinstrument *le hautbois* wurde im 18. Jahrhundert [obwɛ] ausgesprochen (heute: [obwa]). Das Instrument wurde im 17. Jahrhundert auch im Deutschen bekannt und behielt den französischen Namen in der damaligen Aussprache bei: die Oboe.
[13] Zu PRÉMONTVAL vgl. STOROST 2001, Teil I: 57–77.

Prémontvals Anliegen bestand darin, die französische Sprache, die im 18. Jahrhundert die Universalsprache in Europa darstellte, in ihrer Reinheit zu pflegen, denn in den verschiedenen Ländern kam es immer wieder zu Erscheinungen der sprachlichen Korruption, die bei Fortbestehen dazu angetan waren, den Charakter der Universalsprache auf Dauer zu beschädigen und das Französische zu regionalen Jargonsprachen zu machen. Und insbesondere hat er das Französische Berlins im Auge, wobei er nicht ansteht, auf die Verdienste des preußischen Königs aufmerksam zu machen:

> „C'est à Berlin que j'écris, la Ville de l'Europe, sans contredit, où le François transplanté de son Pays natal a le succès le plus brillant; ... c'est aux yeux d'une Cour, dont les Princes & Princesses, la plûpart des Seigneurs & Dames, & quantité de Personnes même d'un moindre rang, ne le cedent à qui que ce soit en France pour la propriété & la délicatesse de l'expression; ... c'est enfin, sous les auspices d'un grand Roi, qui a pour la Langue Françoise la prédilection la plus marquée. Que l'Allemande s'enorgueillisse, d'être la Langue dans laquelle à la tête de ses Armées il dicte à des milliers de Héros ces ordres qui enchaînent la Victoire. Si la Langue Allemande est celle du Monarque dans les combats, la Françoise l'est partout ailleurs. C'est celle du Sage, du Legislateur, du Philosophe, de l'Homme de lettres & de l'Homme aimable. C'est en cette Langue qu'il deploye les charmes de sa conversation; c'est en cette Langue qu'il se délasse avec les Muses. C'est au François qu'il a confié l'Histoire de ses augustes Ayeux, & qu'il confiera sans doute la sienne, transmise à la Postérité par la seule main digne de l'écrire. L'usage de la Langue Allemande est chez lui de nécessité: celui de la Françoise est de choix. Au sein de l'Allemagne il a voulu que le François fut la Langue de son Académie. L'honneur que j'ai d'être membre de ce Corps illustre, est un motif qui se joint à celui de ma naissance dans l'exécution de mon Projet." (XIIIf.).

Die Anregung zu dem Titel *Préservatif* hatte Prémontval von dem Jesuiten Claude Buffier (1661-1737) empfangen, der in seiner Grammatik *Grammaire françoise, sur un plan nouveau pour en rendre les principes plus clairs et la pratique plus aisée* (Paris 1709; zuletzt 1754) ein Kapitel *Préservatifs contre les fausses regles échapées en plusieurs Grammaires Françoises imprimés de notre temps* hat; darin z.B. *Préservatifs contre la Grammaire de M. de La Touche*. Buffier und La Touche waren ebenfalls Muster für Paradis' Bemühungen um die französische Sprache und für seine Lehrbücher. Besonders pikant erscheint, dass Buffier auch ein Kapitel *Préservatif contre la Grammaire du Pere Buffier* hatte. Dementsprechend stellte Prémontval auch einen *Préservatif de mon Préservatif* in Aussicht.

Die *Essais* seines Konkurrenten Paradis besprach Prémontval im *Préservatif* (Seiten 337-361). Da die *Essais* von 1757 weltweit in den Bibliotheken nicht mehr zu beschaffen sind, können wir uns nur an die kritische Darstellung Prémontvals halten. Die Kritik hebt damit an, dass sich Paradis zu Plagiaten aus der Grammatik des Abbé Girard (~ 1677-1748), *Les Vrais Principes de la Langue françoise ou la Parole réduite en Méthode, conformément aux Lois de l'Usage, en seize discours*, 2 Bände, Paris: Le Breton, 1747, hinreißen ließ. Es ist sehr wahrscheinlich, dass man diese Grammatik im Jesuiten-Seminar der Lazaristen in Paris in der Zeit von Paradis' Noviziat verwendet hatte. Mit Girard nahm sich Paradis vor, die Gewohnheit der Vorurteile in der Sprache zu bekämpfen, die viel beharrlicher als die Vernunft seien. Die Grammatik hat Paradis im Übrigen nicht nur für seine Schüler, sondern auch für andere *maîtres de françois* geschrieben, die die französische Sprache lehren, ohne sie zu kennen.

An dieser Stelle ist ein Exkurs notwendig. Im Jahre 1757 tobte in zahlreichen europäischen Ländern der Siebenjährige Krieg (1756-1763). In der französischen Presse wurden die Erfolge der österreichischen und der französischen Truppen als kontinuierliche Siegesserie dargestellt. Ein herausragender Vertreter dieser Presse war der *Journal de Verdun*. Es ist davon auszugehen, dass Paradis diese Monatsschrift regelmäßig las, deren offizieller Titel *Suite de la Clef ou Journal historique sur les matières du temps, contenant aussi quelques Nouvelles de Littérature, & autres Remarques curieuses* lautete und die mit Band 1 ab Januar 1717 in Paris erschien. In ihr findet man mehr oder weniger ausführliche Rezensionen von Sachbüchern über Naturgeschichte, Medizin, Geschichte, Landwirtschaft, Jura, die Bibelexegese, aber auch Romane. Es gibt zur Unterhaltung eine Rätselecke, den Abdruck von Fabeln, Preisfragen der Akademien, Akademie-Elogen, *Oraisons funèbres*, eine Totenliste, in der aber nur der erste und zweite Stand sowie hochrangige Militärs vorkommen, und eine Liste der Hundertjährigen bzw. hundert Jahre zuvor Verstorbenen. Zudem werden die aktuellen politischen und militärischen Entwicklungen zahlreicher europäischer Länder und von Ländern rund um das Mittelmeer beschrieben.[14] Im August-Heft

---

[14] Verdienstvollerweise sind die 120 Bände des Journal de Verdun in toto digitalisiert und zum allgemeinen Gebrauch ins Internet gestellt worden. Man konsultiere die Seite <http://gallica.bnf.fr/ark:/12148/cb32873747s/date.r=Suite+Clef+Journal+historique.langFR>

1761 liest man nach den jahrelangen militärischen Erfolgsmeldungen plötzlich (S. 155f.) eine *Ordonnance du Roi portant Amnistie en faveur des Déserteurs*. Im Artikel 1 der Verordnung heißt es: „Sa Majesté quitte, remet & pardonne le crime de désertion, à tous Soldats, Cavaliers & Dragons, qui ont déserté de ses troupes jusqu'au premier du mois de Mai dernier [...]". Hier hatte sich für Frankreich offenbar ein ernsthaftes Personalproblem aufgetan: die Deserteure sollten straffrei in die französische Armee zurückkehren können. Ein Großteil der Soldaten war zum preußischen Feind übergelaufen und verdingte sich in Preußen unter anderem als Sprachlehrer, worauf die Bemerkung von Paradis abzielte, dass sein Werk auch solchen ungebildeten Sprachmeistern als Leitfaden dienen sollte. Schon im Jahre 1752 klagte der Jenaer Pädagoge und Sprachwissenschaftler Johann Andreas Fabricius (1696-1769) in seinem *Abriß einer allgemeinen Historie der Gelehrsamkeit*, Band 1, Leipzig, S. 162f., über den schlechten Zustand des Französisch-Unterrichts in Deutschland:

> „Wie schlecht zuweilen die Methode sey sie zu erlernen, ist daher zu begreifen, dass oft ein aus Frankreich entlaufener Bedienter in Teutschland, als Sprachmeister, eine grosse Figur macht, wenn er nur fein viel schwatzen kann [...]."

Einen Zeitzeugen für die massive Desertion von Franzosen finden wir in dem Hannoveraner Sprachmeister Johann Mauritz Seven (1738-1790)[15], der von 1757 bis 1763 am Siebenjährigen Krieg in der Armee des Großherzogs von Braunschweig, Ferdinand (1721-1792), teilnahm. Ferdinand war mit Zustimmung Friedrichs des Großen seit 1757 der Oberkommandierende der alliierten Armeen, und es gelang diesem nachmaligen Feldmarschall immer wieder, die Franzosen in Schach zu halten. Seven sah bei diesen Kämpfen, wie zahlreiche französische Soldaten zu den Alliierten überliefen und dann nach ihren Wünschen in die Länder dieser Alliierten gingen, also nach Holland, England und Preußen, um dort zumeist als Sprachlehrer zu wirken, ohne die Befähigung zu diesem Tun zu haben. Und auch Paradis sah diese Misere, wenn er im Jahre 1763 reimt (Paradis 1763b: 10):

> „Je crois qu'un déserteur
> fait un sot précepteur"

---

[15] Zu SEVEN vgl. STOROST 2008: 249–301.

Eine interessante Bemerkung lesen wir noch bei Seven (zit. bei Storost 2008: 251), wonach

> „kein Fach mehr durchgepeitscht wird, als das französische, und alle Buchläden schon mit *Grammairen* angefüllt sind, wonach kein Mensch nach fragt; so halte ich's für eben so viel Verdienst, mich an eine schon allenthalben bekannte *Grammaire* zu machen, die bisher in hiesigen Landen einen starken Abgang gehabt, die für Anfänger die leichteste, und für den Begrif der Kinder, wegen der leichten, zum auswendig lernen bequemen Exempel eingerichtet ist, welches so wohl von einem Sprachmeister beÿ Litteratis, als auch von Französinnen beÿ Kindern mit mehr Nutzen und Erleichterung gebraucht werden."

Seven hatte hier eine Überarbeitung der Grammatik von Hilmar Curas (1673-1747), dem Lehrer am Berliner Joachimsthalschen Gymnasium, *Nouvelle et parfaite grammaire françoise & allemande: Erleichterte und durch lange Erfahrung verbesserte Frantzösische Grammatik*, Berlin/Frankforth 1757 (mit zahlreichen Auflagen davor und danach) im Blick, die von ihm aber nicht veranstaltet wurde, da der Berliner Verleger Nicolai sie wohl angesichts des überreichen zeitgenössischen Angebots an französischen Lehrbüchern ablehnte.

Wenn ein Sprachlehrer besondere Achtung erlangen wollte, musste er selbst ein Lehrbuch schreiben, was schlussendlich auch eine Empfehlung für eine Festanstellung an einer Schule oder Universität sein konnte. So also geschehen von Paradis de Tavannes im Jahre 1757; und wir lesen Prémontvals Kritik weiter. Prémontval erweist sich als eher konservativ, wenn er die schon angesprochene moderne Phonetik von *oi* kritisiert:

> „M'amuserai-je à relever présentement les fausses Décisions? *Danois* prononcé *Danoas* au lieu de *Danoès*; *croître* prononcé *croatre* au lieu de *croètre*; [...]" (S. 346).

Mit viel Hohn verspottet Prémontval diese Grammatik und die Anwendungsbeispiele: so wirft er dem Verfasser gewisse Obszönitäten vor, so z. B. ein solcher Beispielsatz (S. 280 der *Essais*): *Vous avez une belle Maison, mon Hôtesse; vous prêtez le Dériere, & vous louez le Devant?* Das in Prémontvals Augen Unerträgliche ist, dass Paradis auch für die Damenwelt arbeiten wollte und sein Werk einer illustren und tugendhaften Dame gewidmet hat. Prémontval kommt zu dieser Einschätzung des Verfassers: „Un Jeune-homme sans caractere & sans emploi; un simple Maître de Langue, qui ne se donne que pour Grammairien, & n'affecte en aucune façon la morgue imposante de Philosophie & de Dévot"

(352). Er kommt schließlich zu einem vernichtenden Urteil, ausgehend von der Herkunft des Verfassers:

> „C'est de cette origine, & avec l'usage du beau Monde & du beau Langage pris à Verdun & au Fauxbourg S. Laurent, ensuite perfectionné en enseignant à Berlin le François pendant deux ou trois ans à de jeunes Ecoliers; c'est, dis-je, avec ces titres que *M. Paradis de Tavanes* vient insulter tout ce que nous avons de meilleurs Ecrivains sur la Langue, qu'il traite d'Ignorans ou de Savantasses, & l'Académie Françoise toute entiere dont il balance seul l'autorité." (355f.)

Darüber hinaus muß Prémontval aber durchaus zugeben, dass sich Paradis beim Publikum einen großen Kredit erarbeitet habe und auf einer Woge des Erfolgs schwimme. Damit könne, so Prémontval, Paradis dem Publikum alles verkaufen, was er wolle. Trotz aller Strenge der kritischen Urteile über Paradis versucht Prémontval, der mit Sicherheit Paradis persönlich kannte, einen versöhnlichen Ausblick:

> „[...] je déclare & reconnois avec joye, que M. Paradis ne manque point de talent. Il est jeune, il est appliqué: il ne tient qu'à lui, en prenant des sentimens plus modestes, & en revêtant surtout plus de décence, de mériter l'approbation d'un Public sage. Je l'y exhorte de tout mon cœur. Bien loin que je veuille faire tort, ni à lui, ni à qui que ce soit, je ne souhaite que de mettre ceux de nos Maîtres de langue en qui il y a de la ressource, en état de servir le Public." (360)

Und genau in diesen Dienst wolle sich Prémontval stellen, wenn er als Kritiker Fehler und Unzulänglichkeiten anprangerte und sich dem Wohl der französischen Sprache und dem guten Geschmack verpflichtet fühlte.

Dass Paradis dem Publikum alles verkaufen könne, wenn er es nur wollte, scheint auf eine andere Aktivität hinzuweisen, nämlich die Unterhaltung und Belehrung des Publikums. Dazu versuchte sich Paradis an der Herausgabe einer Zeitschrift, bei der sich der Eindruck aufdrängt, dass der Herausgeber sich vom berühmten französischen *Journal de Verdun* beeinflussen ließ und etwas Ähnliches in Berlin zustande bringen wollte. Die neue Zeitschrift erschien nun als Wochenblatt unter dem Titel *Le Citoyen* beim Verleger Johann Christian Klüter, der schon das Zeitungsprivileg zur Herausgabe der französischsprachigen *Gazette de Berlin* besaß, mit Heft 1 von Donnerstag, den 5. Juni 1755, jeweils donnerstags, und endete mit Heft 12 vom 21. August 1755. Neben dem Anspruch, das Publikum/die Schüler zu amüsieren und zu belehren, der auf den von unserem Autor mit Vorliebe benutzten Rollin[16] zurückgeht, bekennt Paradis: „Il est pourtant vrai que je me propose de me rendre utile à la société" (Vorwort). Der Nützlichkeitsgedanke zielte auf die Verbesserung und Korrektur des Charakters eines Menschen ab, der durch seine täglichen „actes de charité" charakterisiert wird. Ist der Mensch für die Gesellschaft wohltätig, sei er zugleich für sich selbst wohltätig. Paradis betonte:

> „J'entreprends d'enseigner à l'homme comment il doit régler ses actions pour les faire concourrir à son bonheur, il faut donc le convaincre premièrement qu'il dépend de lui de les diriger de la sorte, & qu'il est libre d'agir comme bon lui semble." (Heft 3, 19. Juli 1755, S. 33f.)

Der Begriff der Freiheit und der freien Entscheidung sei menscheninhärent, was allerdings wesentlich von der Religion bestimmt werde. Insbesondere treffe das für die „hommes non-lettrés" zu, die es den Gelehrten und Metaphysikern überlassen sollten, über ihre Seele und über Gottes Natur nachzudenken. Das Verhalten des Menschen hänge darüber hinaus von seiner Erziehung ab: die erste Ursache für das Unglück der Kinder liege in der Irreligiosität der Eltern. Die zweite Ursache bestehe in der Ignoranz: unerzogene Eltern schaffen unerzogene Kinder [1755! Nicht 2011 geschrieben!]. Die dritte Ursache bestehe in der Gleichgültigkeit gegenüber den Kindern, wohingegen – viertens – auch eine blinde Liebe der Eltern für die Kinder schädlich sei. Weitere Schädlichkeitsfaktoren seien: die Bevorzugung eines Kindes gegenüber den anderen; die Eigenliebe oder der Egoismus der Eltern; Geiz, Armut, aber auch Reichtum sowie Einsamkeit wirken sich nachteilig aus; eine Unterordnung der Kinder untereinander verhindere die Liebe unter den Kindern. Das alles repräsentieren die Erziehungsanweisungen von Paradis. Und schließlich kritisiert Paradis die Vaterlandsflucht, weil die Fliehenden vor der Religion fliehen und stattdessen den „libertinage" suchen. Paradis ist offenkundig noch tief in seinen religiösen Erziehungsprinzipien verhaftet: Alle Menschen sind Brüder; die Welt ist ein großes Haus mit Gott als Chef; die Spezies Mensch bildet eine große Familie mit Gott als Vater, dessen Werk, die Erschaffung der Welt, keinem Zufall überlassen war.

---

[16] Charles ROLLIN (1661-1741), De La Maniere D'Enseigner Et D'Etudier Les Belles Lettres, Par Rapport à l'esprit & au cœur, 4 Bände, Paris: Estienne, 1764. „Des leçons [...] les instruiroient en les amusant".

Diese intensive Beschäftigung mit Erziehungsprinzipien gerade im Sommer 1755 dürfte kein Zufall sein, denn Paradis trug sich mit dem Gedanken, eine Familie zu gründen. Er lernte Anne Marie Gimel[17] kennen, die am 11. Oktober 1735 in Berlin als Tochter des Graveurs Isaac Jacob Gimel[18] und dessen Ehefrau Susanne Fistaine[19] geboren wurde. Die Eltern hatten am 22. Oktober 1731 in Berlin geheiratet. Aus dieser Ehe gingen ein Sohn Jacob (1732-1735) und die Tochter Anne Marie hervor.[20] Paradis heiratete Anne Marie Gimel am 1. März 1756, ein gutes halbes Jahr nach dem Ableben von Isaac Jacob Gimel († 23. September 1755). Aus dieser Ehe gingen zunächst drei Kinder hervor: ein Sohn Frédéric[21] und eine Tochter Amélie (auch Amalia genannt, 1760 geboren)[22] sowie ein weiterer Sohn Johann Heinrich (1762 geboren)[23].

Nach seiner Hochzeit im Frühjahr 1756 wandte sich Paradis wieder einem Zeitschriftenprojekt zu: In elf Heften, jeweils donnerstags, vom 1. April 1756 bis 10. Juni 1756 erschien in Berlin bei der Verlegerin Witwe Grynaeus das Periodikum *Le Papillon*, das sich mit leichter Hand der Unterhaltung des Publikums in französischer Sprache widmete. Es enthält Nachrichten über neue Literatur, Zuschriften von Lesern und Diskussionen, Epigramme, Epitaphe, Rondos sowie in der Hauptsache eine Komödie in drei Akten über die französische Sprache, die vom Joch des Lateinischen befreit ist, womit Paradis seine Rechtschreibreformen und seine sich des lateinischen Paradigmas entschlagenden Grammatikbeschreibungen zu rechtfertigen trachtete. Hervorgehoben zu werden

---

[17] In der Literatur findet man gelegentlich die falsche Schreibweise *Gimbel*: RÜDIGER 1908: 249; DAUMALLE 2005: 220.
[18] Geboren in Berlin am 26. Mai 1706 als Sohn des aus Metz gebürtigen Schusters Jacob GIMEL und dessen ebenfalls in Metz geborenen Ehefrau Anne PIQUET.
[19] Tochter von Jean FISTAINE und Louise COUVERT.
[20] Für diese präzisen biographischen Angaben bin ich dem äußerst kompetenten Herrn Robert VIOLET, dem Leiter des Berliner Hugenottenarchivs, sehr zu Dank verpflichtet.
[21] Diesen Namen wie auch den der Tochter nennt PARADIS in einem Gedicht seiner Kinder zum Geburtstag der Mutter am 11. Oktober (Paradis 1765: 50).
[22] „Amélie" Paradis, bereits guter Hoffnung, heiratete am 28. April 1793 den Homburger Schneidermeister Jean Christophe Capinski (Kirchenbuch 1793 Nr. 486). Aus dieser Ehe ging eine Tochter Marie Catherine hervor, die am 12. August 1793 geboren und nach ihrer Patin Marie Catherine Dammon aus Frankfurt so genannt wurde.
[23] Amalia und Johann Heinrich wurden am 23. Dezember 1778 in Homburg vor der Höhe konfirmiert (Kirchenbuch 1778 Nr. 109).

verdient jedoch auch der schon erwähnte offene Brief an seinen Bruder Nicolas, den Karmeliter, in Heft 7 vom 13. Mai 1756 (Seiten 51-53).

Wir hatten gesehen, dass Nicolas Hyacinthe Paradis aus einem sehr katholischen Umfeld ausgebrochen und zum Luthertum konvertiert war, während der Bruder seinen Dienst im strikten Engagement für die französische katholische Kirche ausübte und sich als sehr bodenständig im lothringischen Umfeld erwies. In der Zeit von 1757 bis 1775 wirkte er als Curé in Douaumont, einem winzigen Dorf in unmittelbarer Nähe von Verdun. Im Jahre 1775 wurde der Curé nach Paroi versetzt, einem ebenfalls sehr kleinen Dorf bei Verdun. Während der französischen Revolution wurde er am 21. Januar 1793 verhaftet, da er den kompletten Eid auf das neue Regime verweigerte, und schließlich nach Rochefort am Atlantik verbannt. Auf dem Weg dorthin mit einem Schiff namens *Washington*, das wiederholt für Verbannungseinsätze genutzt wurde, starb er am 14. September 1794. Man beerdigte ihn auf der Rochefort vorgelagerten Insel *Île Madame*.

Der ältere katholische Bruder sorgte sich sehr um das Seelenheil des jüngeren Lutheraners. Er hatte ihn deshalb an die Familientradition erinnert und musste es als Verrat an der Familie und am katholischen Glauben empfunden haben, dass Nicolas Hyacinthe in Preußen diesem Glauben abgeschworen hatte. Den Mahnungen des Älteren begegnete der Jüngere in einem ausführlichen Brief, den er wegen seiner Allgemeingültigkeit in seiner Zeitschrift veröffentlichte. Um den Curé zu beruhigen, schrieb Hyacinthe, dass er sich völlig in der Familie integriert fühle, was durch den Religionswechsel in keiner Weise beeinträchtigt wäre. Er beruhigte weiter, indem er auf die außergewöhnliche Religionstoleranz in Preußen hinwies. Katholiken, Calvinisten, Reformierte und Lutheraner würden die Gottesdienste der jeweils anderen Kirchen besuchen. Unterschiedliche Glaubensrichtungen innerhalb einer Familie würden respektiert; ein Jeder könne seinen Glauben pflegen. Hyacinthe lädt seinen Bruder Nicolas nach Berlin ein, damit er sich selbst ein Bild machen könne. Paradis schreibt weiter:

> „Pour le premier chef, l'éducation de la jeunesse m'occupe entièrement, & à l'égard des religions différentes, qui sont permises dans ce royaume, je ne condamne personne, il me suffit qu'on soit homme de bien, pour être respectable à mes yeux. La raison qui m'éclaire, les loix de la nature, qui dominent tous les cœurs, la révélation, qui s'accorde si bien avec la raison & la nature, sont des antidotes, capables de préserver tout être

pensant du poisson [sic] de l'hérésie. On ne tente personne, dans le païs où je suis, parce que le système des protestans est de croire, que chacun peut se sauver dans sa religion."

Man kann sich des Eindrucks nicht erwehren, daß Paradis in seiner Einschätzung der preußischen Religiosität durchaus recht naiv war. In Preußen hielt man die Lutheraner als einzige für fähig, die wahre christliche Religion zu leben und zu lieben, obwohl die regierenden Hohenzollern dem Calvinismus nahestanden. Paradis war Lutheraner, und er hielt es für angezeigt zu betonen, dass er nicht der reformierten Kirche angehöre: er war also nicht Calvinist und damit auch nicht für die Hugenotten zuständig. Der Unterschied zwischen Lutheranern und Calvinisten wurde in Preußen beachtet und war strikt. Und die Katholiken ebenso wie die Juden wurden in Preußen diskriminiert. Wahrscheinlich durchschaute Paradis auf Grund seiner möglicherweise noch mangelhaften Deutschkenntnisse diese religiösen Stimmungen nicht.

Über seine ökonomischen Sorgen schreibt Paradis nichts. Er hebt lediglich heraus, dass er sich voll und ganz für die Bildung der Jugend engagiere. Im Jahre 1756 brach Friedrich II. von Preußen einen Krieg vom Zaun, der sieben Jahre dauern sollte. Damit wurde das Leben in Preußen für alle Seiten wirtschaftlich schwierig. Es gelang Paradis ausweislich des Berliner Adresskalenders von 1758, als *maître de langue* eine Anstellung im Berliner Gymnasium zum Grauen Kloster zu finden. Über den Sprachenunterricht an dieser Bildungsstätte unterrichtet uns deren Direktor Johann Jakob Wippel (1714–1765):

„Die Sprachen; deren Kenntniß in dem Gymnasio durch die ordentlichen Lehrer beigebracht wird, sind die teutsche; die lateinische; die griechische und die hebräische. Zur italienischen und französischen Sprache sind eigene Maitres bestimmt. Auch zur englischen Sprache entstehet [recte: entgehet] den Liebhabern die Gelegenheit nicht." (Wippel 1763: 6f.)

Neben dieser bezahlten Anstellung wirkte Paradis noch als *maître de pension*, d.h. in seinem Haus (er wohnte im Hause des Goldschmieds Otte in der Berliner Königsstraße) beherbergte, beköstigte und unterrichtete er Kinder von außerhalb Berlins wohnenden Eltern, die sich die Internatsunterkunft leisten konnten.

Für Sprachmeister an Universitäten ebenso wie an Gymnasien und als Privatlehrer war es immer von Vorteil, wenn sie ihre Fähigkeiten durch eigenhändig verfasste Lehrbücher ausweisen konnten. Dazu legte Paradis 1757 seine *Essais* vor, und für seine Schüler im Grauen Kloster verfasste er ein Theaterstück in französischer Sprache, das für Schülervorstellungen und natürlich zum Erlernen der französischen Sprache vorgesehen war.

Auf dem Titelblatt lesen wir:

„*Les enfants perdus, ou le trompeur trompé, entretiens en forme de pièce dramatique, avec des notes allemandes de mr. Hoffmann, à l'usage de ceux qui s'apliquent à l'étude de la langue françoise* , par M. Paradis de Tavannes, maître de pension et premieur [recte: premier] lecteur public de la langue françoise au collège de Berlin, chez l'auteur dans la maison de mr. Otte, bateur d'or à la rue royale. Imprimé chez Jean Henri Gaebert, 1759."

In einer Vorbemerkung an den Leser macht Paradis sein Anliegen deutlich, das eigentlich mühevolle Erlernen des Französischen im Fremdsprachenunterricht so angenehm und bequem wie möglich zu machen. Der Schüler soll überhaupt nicht merken, dass er arbeitet. Das Spielerische wird in den Vordergrund gerückt.

„J'ai appris par une expérience de plusieurs années que les jeunes gens ne travaillent jamais mieux que quand ils s'imaginent qu'ils ne travaillent point." (Seite 5)

Ständige Übersetzungsübungen, unaufhörliche Konjugations- und Deklinationsexerzitien, die Lektüre ernster Verfasser seien eher geeignet, den Eifer der Schüler zu bremsen, so dass eine Methode, die das Studieren erleichtert und Pedantisches verbannt, indem sie amüsieren und unterhalten will, das Lernen angenehm machen kann. Dafür eignet sich nach Paradis' Ansicht beispielsweise Molière, der eine schöne Sprache pflegt und zur Herzens- und Geistesbildung beitragen kann. Allerdings dürfte er für den Anfänger zunächst doch zu schwierig sein. Paradis erinnert an den *Télémaque* von Fénelon, ein vielgelesenes, gleichsam ein Kultbuch der damaligen Zeit, dessen Stil aber zu anspruchsvoll sei, um Moral und Tugend zu lehren. Deshalb hielt es Paradis für geboten, selbst familiäre Gespräche zusammenzustellen, um das Studium des Französischen zu erleichtern. Diese Gespräche charakterisiert der Autor so:

„Il sera facile de remarquer que la diction de mes entretiens, sans être ni basse, ni triviale, ni enflée, ni sublime, se trouvera à la portée de tout le monde." (Seite 7)

Die Gespräche legte der Verfasser in Form eines Theaterstücks an, mit Szenen und Akten; inhaltlich mit Personen und Intrigen im Stil einer Komödie. Zusammen mit seinen Schülern plante Paradis die öffentliche Aufführung der Szenen. An dieser Stelle eine Minute der persönlichen Werbung durch Paradis: er versäumte es nicht, auf seine öffentlichen Unterrichtsstunden bei sich zu Hause nachmittags von fünf bis sieben Uhr hinzuweisen. Diese Art des öffentlichen Unterrichts – geboten durch die finanzielle Not im Siebenjährigen Krieg – leistete Paradis schon seit drei Jahren, und er nehme nur Schüler an, deren Eltern gestatten, dass die Schüler bei den Theateraufführungen engagiert seien. Und Zuschauer sollten die Familien und Freunde der Schüler sein, die sich allerdings verpflichten müßten, ein Exemplar des Theaterstücks käuflich zu erwerben (Paradis, der Geschäftstüchtige!).

Das didaktische Ziel des Theaterspielens sieht Paradis darin, den Schülern ein familiäres Französisch zu vermitteln, das in der alltäglichen Konversation angewendet werden kann. Dazu habe der Lehrer auf eine gute Aussprache zu achten und Gallizismen und Idiotismen zu vermitteln, die dem germanophonen Schüler zu erklären seien. Der Schüler solle lernen, in der Öffentlichkeit vor Publikum zu sprechen. Für den Lehrer bleiben Vertrauen, Zustimmung und Beifall durch das Publikum, das seine Leistung für die Erziehung der Jugend anerkenne.

Der geschäftstüchtige Paradis kündigte an (Seite 11), dass er eine neue Grammatik unter folgendem Titel schreiben und herausgeben wolle: *Essai théorique et pratique sur l'art d'enseigner et d'aprendre la langue françoise par principes*. Darin wolle er seine *Essais sur l'art de s'énoncer et d'écrire correctement* und die allenthalben bekannte Grammatik von Pierre de La Touche, „qui est entre les mains de tout le monde", verarbeiten.

Zum Inhalt des Theaterstücks erklärt der Verfasser, dass es sich um eine Gesellschaftssatire handele, die die sinnentleerten Zeremonien und Komplimente aufs Korn nimmt, die das gesellschaftliche Leben so mühselig machen. Paradis schreibt (Seite 11f.):

„Le principal personnage de la pièce est un Américain qui n'ayant jamais ouï parler de l'Europe, où la tempête vient de le jeter, admire tout ce qu'il voit de bon, & se déchaîne contre les choses qui lui semblent mauvaises, ou ridicules. [...] Tout cela ne tend qu'à montrer qu'un honnête homme sans éducation, sera toujours l'objet de la risée de ceux avec qui il sera en relation de commerce, & qu'un fripon, quoique civile & sachant son monde, ne sera jamais qu'un fripon digne de la haine & du mépris de tous les gens de bien."

Entfernt läßt das an eine Thematik denken, die im Jahre 1767 Voltaire in genialer Weise mit seinem *Ingénu* erneut aufgriff. Was Paradis über den preußischen König zu sagen hatte, liest sich folgendermaßen (Seite 70f.):

„Un certain prince d'un certain pays, qui aime beaucoup les siences [sic] & les savants mais encore plus la vertu & le mérite, possédant de vastes pays & se fesant admirer par ses qualités extraordinaires, s'est vu tout à coup environné par cinq de ses voisins les plus redoutables qui ont résolu de le dépouiller de tous ses biens à la réserve d'un petit état, qu'ils vouloient lui laisser. Ce prince a ramassé toutes les troupes, les a envoyées de tous côtés, est parti lui-même avec celles, qui lui restoient, & a chassé tous ses ennemis. On raconte qu'un de ses gens en bat six des plus robustes de ceux de ses adversaires. À présent il est couronné de lauriers."

Wörter und Wendungen des Texts begleitet Paradis mit Fußnoten mit Erklärungen und Übersetzungen ins Deutsche. In einem *Avertissement* am Schluß des Stücks verspricht Paradis zwei weitere dreiaktige Dramen: *La foire de Leipzig* und *Le philosophe poli par l'amour* mit Anmerkungen zur Grammatik, zu Gallizismen und Idiotismen. Subskriptionen seien bei dem Autor oder dessen Kollegen Arnal im Grauen Kloster abzugeben. Im Berliner Adresskalender empfiehlt sich Arnal von 1758 bis 1761 als französischer Sprachmeister und wird neben Paradis de Tavannes als Lehrer am Berlinischen Gymnasium zum Grauen Kloster genannt. Von 1762 bis 1764 war Arnal, nach dem Weggang von Paradis alleiniger französischer Sprachmeister am Grauen Kloster, wo er bis 1782 tätig war.

Paradis besaß eine gewisse Leichtigkeit im Herstellen von Versen, dessen Technik er in seinen Lehrbüchern vermittelte, die er selbst auch, wenn sich die Gelegenheit bot, zu seinem Vorteil im Sinn des persönlichen Vorankommens bei seiner Karriere einsetzte. Eine solche Gelegenheit bot sich im Grauen Kloster, als am 4. April 1759 Johann Jakob Wippel (1714–1765) in das Amt des Rektors eingeführt wurde. Gleichzeitig ernannte der Berliner Magistrat als Aufsichtsbehörde der Schule den bisherigen Subrektor Karl Friedrich Michaelis (1714–1784) zum Konrektor sowie den bisherigen Konrektor Christian Anton Schulze (1716–1778) zum Prorektor. Dazu verfasste Paradis ein Gelegenheitsgedicht in Form einer Versepistel, einer seit der Antike gepflegten literarischen Gattung, die Wippel als klassischer Philologe ohne Zweifel besonders zu schätzen wusste. Auf dem Titelblatt des Druckwerks lesen wir:

„Epitre au sujet de la promotion faite le quatre du présent au colège nommé vulgairement le cloître gris, adressée à messieurs JEAN JACOB WIPPEL, parvenu au rectorat, CHRETIEN ANTOINE SCHULTZE, nommé prorecteur, et CHARLE FREDERIC MICHAELIS, déclaré conrecteur, par Mr. PARADIS DE TAVANNES, Maître de pension & lecteur public de la langue & de l'éloquence françoise dans la classe suprême du colège de Berlin. À Berlin, Imprimé chez Jean Henri Gæbert, 1759."

Zur Feier der Amtseinführung ruft Paradis die Musen an, um die glücklichen Momente des Tages festzuhalten: große Huldigung für den neuen Rektor, seine Tugendhaftigkeit, seine Sittlichkeit, seine wissenschaftliche Leistungsfähigkeit – das alles mache ihn in den Herzen seiner Mitmenschen so bemerkenswert; er werde in seinem Rektorat zum Ruhm des Klosters beitragen. Beim neuen Prorektor hebt Paradis die Eloquenz hervor, mit der dieser sein Lehrgebiet vermittelt, und sein außergewöhnliches Wissen. Ein vollkommenes Glück werde durch die Ernennung des neuen Konrektors, des wissensreichen und tugendhaften, vermittelt. Allen Dreien drückt Paradis zu der heiteren Stunde ohne Umschweife seine guten Wünsche aus.

Wiewohl das protestantische Graue Kloster traditionell eine humanistisch-altsprachliche Bildungsstätte für Jugendliche aus dem Bürgertum war, hielt man sich unter anderen zwei Französisch-Lehrer, was offensichtlich eine Notwendigkeit war, wenn man die Rolle des Französischen im 18. Jahrhundert als paneuropäische Universalsprache in „gehobenen" Kreisen bedenkt und wenn man den Bedarf des Französischen im zeitgenössischen Bildungs- und Wirtschaftsbürgertum kennt.

Für die Menschen in Berlin, insbesondere auch für die Berliner Lehrer wurde in der Zeit des Siebenjährigen Kriegs das Leben wirtschaftlich immer schwieriger: die allgemeine Zerrüttung des Landes vergesellschaftete sich mit der Trostlosigkeit und Entmutigung der Untertanen: Ganze Landstriche waren verheert, und die Landwirtschaft lag am Boden, so dass infolge Getreidemangels die Ernährung der Menschen unaufhaltsam schwieriger wurde. Überdies kam es zu einem Verfall des Geldwertes: der Metalleinsatz in den Münzen wurde ständig minderwertiger. Eine allgemeine Not breitete sich nicht nur unter der Stadtbevölkerung, sondern auch auf dem Lande aus. In dieser Zeit der allgemeinen Notlage begegnete Paradis im *Journal de Verdun* einem Bericht über ein scheinbares Schlaraffenland. Der *Journal* schreibt im Januarheft von 1761 über Dänemark (Band 90, Seite 8):

„Cet Etat est presque le seul dans le Nord, qui ait le bonheur de n'avoir aucune part à la guerre présente. Le Dannemarck, bien loin de se ressentir des calamités qu'elle entraîne après elle, & qui s'étendent même jusqu'aux nations pour qui elle paroîtroit d'ailleurs devoir être assez indifférente, semble au contraire en avoir tiré cette année un avantage peu commun."

Und jetzt kommt eine Passage in diesem Text, die Paradis mit besonderer Aufmerksamkeit gelesen haben dürfte:

„Un grand nombre de familles obligées de quitter l'Allemagne pour se soustraire aux malheurs de la guerre, ont été chercher un asile dans ce Royaume, où ils ont porté leurs talens & leur industrie. Le gouvernement, qui sent tout le prix de cette acquisition, pour l'avancement des arts & le progrès du commerce, sans compter le bien qui en résultera pour la population, a fait à ces Etrangers l'accueil le plus gracieux. On en a formé deux colonies dans le Zutland."

Der *Journal de Verdun* kam im gleichen Monat Januar 1761 (Band 90, Seite 54) auf das Thema zurück und präzisierte:

„Environ cent quatre-vingt familles, dont la plûpart sont Luthériennes, & qui ont été contraintes par les malheurs de la guerre d'abandonner l'Allemagne, ont obtenu la permission de s'établir dans le Zutland. On a formé de cette nouvelle Colonie six Villages, qui porteront les noms de Fridericsmose [recte: Frederiksmose], de Fridericstalh [recte: Frederiksdal], de Christianshede & de Juliarishede [recte: Julianehede]. Indépendamment de cette Colonie, il s'en est établi une seconde, entre Coldinguen [recte: Kolding] & Fredericia. Elle est composée de soixante-quinze familles Palatines, & l'on en a formé trois Villages; un pour les familles Catholiques, un pour les Luthériennes, & un pour celles de la Religion prétendue réformée."

So lesen wir einen Beleg dafür, wie sehr bei den Deutschen auf die Religionszugehörigkeit geachtet wurde; und die Dänen haben, um Diskriminierungen zu vermeiden, die Religionen sorgsam getrennt. Diese ausgewanderten Familien wurden also in Jütland, einem bevölkerungsarmen Landstrich, angesiedelt, und die Dänen nannten sie sehr bald „die Kartoffeldeutschen", weil sie sich in Dänemark vorrangig dem Kartoffelanbau widmeten. Damit gewann die Kartoffel, die in Dänemark erst seit 1720 angebaut wurde, eine größere Verbreitung, und der dänische Aquavit fand seine Basis in der Kartoffel. Zudem beweist schließlich die Kartoffelkampagne auch, daß in der Tat Friedrichs II. „Kartoffelbefehl" vom 24. März 1756 von Erfolg gekrönt war. Mit dem „Circular-Ordre" zum intensiven Kartoffelanbau in Preußen und Schlesien wollte Friedrich dafür Sorge tragen, ein nahrhaftes Ackererzeugnis produzieren zu lassen, um den Hungersnöten in der Zivilbevölkerung und im Militär zu begegnen.

Durch die Informationen über Dänemark als Asylland für notleidende Bevölkerung aus Deutschland und die dortige Respektierung religiöser Glaubensrichtungen und die getrennte Unterbringung der verschiedenen Religionen zugehörigen Familien, um die Rechte der Menschen zu wahren, dürfte in Paradis einen Denkprozeß darüber ausgelöst oder vertieft worden sein, wie er seiner Not und der seiner Familie ein Ende setzen konnte. Bereits im Jahre 1760 pflegte er den Gedanken, sich in Dänemark niederzulassen. Allerdings dürfte für ihn und seine Familie die Landwirtschaftsfrage außer aller Acht gestanden haben. Als Lehrer für französische Sprache und Literatur hatte er vielmehr die dänische Hauptstadt Kopenhagen im Auge.

3. Die Kopenhagener Zeit

Für eine solche Übersiedelung nach Kopenhagen musste das Terrain ideologisch vorbereitet werden. In Dänemark hatte Paradis keinen Namen, so dass er nach guter barocker Manier zunächst von Berlin aus eine Captatio benevolentiae startete, indem er der Kopenhagener Bevölkerung und dem dänischen Königshaus seine Huldigung darbrachte. Da ihm das Verfassen von Gelegenheitsgedichten leicht von der Hand ging, wie man es bei den Intellektuellen im 18. Jahrhundert weit verbreitet fand, verfasste er zunächst ein längeres Gedicht mit dem Titel:

> „*Poëme à l'occasion du jubilé célébré le 16me d'octobre de la presente année, en mémoire de l'acte solemnel par le quel les états du royaume de Dannemarck déférèrent en 1660 la souveraineté héréditaire à la maison royale, adressé aux habitans de Coppenhague*, Berlin: Jean Henri Gæbert, 1760."

Im Dezember 1760 hatte der *Journal de Verdun* (Band 89, Seite 456) auf dieses im Poem angedeutete bedeutende Ereignis aufmerksam gemacht und schrieb:

> „On célébra le 16 octobre à Copenhague, & dans tout le Royaume, le centième Anniversaire du jour auquel la Couronne de Danemarck fut rendue héréditaire dans la Maison d'Oldenbourg. On se proposoit de faire à cette occasion des réjouissances extraordinaires; mais sa Majesté ne l'a point voulu, & Elle s'est contentée de recevoir à Friedensbourg les complimens des Princes, des Ambassadeurs, des Ministres, & de toute la Cour. Il s'est fait ce jour & le lendemain, dans les Académies, plusieurs actes en mémoire de cet événement."

Insofern hat Paradis zu Recht dieses aktuelle und viel beachtete Ereignis gewählt, um sich in Dänemark ins Gespräch zu bringen. Dazu lesen wir in einer Fußnote, dass seine Familie bereits in Dänemark weilte, während er selbst sich noch in Berlin aufhielt, um seinen Pflichten als Pädagoge nachzukommen.

> „L'auteur a à Coppenhague la plus grande partie de sa famille: il est trop bon parent pour ne prendre pas toute la part possible à la joie des siens, qui grossissent le nombre des fidèles sujets du ROI de Dannemarck."

In dem Gedicht redet Paradis de Tavannes die Dänen mit der Formel „Citoyens fortunés" an, um sie dann aus seiner Sicht auf eine Reihe von Fakten aufmerksam zu machen. Sie seien fern von kriegerischen Auseinandersetzungen, lebten in Frieden, erfreuten sich reichhaltiger Ernten, ernteten die mannigfaltigen

Früchte des Meeres, trieben Handel mit der ganzen Welt, von Arabien bis China, Indien und Amerika; dann stimmt Paradis ein überschwängliches barockes Loblied auf den dänischen König Friedrich V. (1723-1766; Amtszeit 1746-1766) mit zahllosen Anspielungen und Vergleichen aus der klassischen Antike an. An dieser Stelle lässt Paradis auch Friedrichs Regierung nicht unbeachtet:

> „Copenhague fleurit: sa renommée efface
> L'éclat de l'Orient, la gloire du Parnasse.
> D'intègres magistrats, sous l'œuil [sic] du souverain,
> Prononcent leurs arrêts la balance à la main,
> Et fuyant les détours de l'indigne chicane,
> Nul n'embrouille les lois par un abus profane."

Dabei spielt Paradis de Tavannes auch auf sich und seine Immigrationsbestrebungen an:

> „L'étranger ne veut plus rester dans sa patrie,
> Sûr d'occuper chez vous son utile industrie."

Als Motiv für diese Eloge dürfen wir annehmen, daß es Paradis einfach darum ging, für sich und seine Familie ein wirtschaftliches Auskommen in Dänemark zu finden. Es ist stark zu vermuten, dass Paradis dieses in Berlin gedruckte Gedicht auch an den aus Hannover gebürtigen Grafen Johann Hartwig Ernst Bernstorff (1712–1772) schickte, den dänischen Staatsminister und „das Orakel von Dänemark", wie Friedrich der Große ihn nannte.[24] Bernstorff sorgte sich um die wirtschaftliche und kulturelle Prosperität Dänemarks und vor allen um dessen Neutralität im Siebenjährigen Krieg sowie auch um ein gutes Verhältnis zu Frankreich. Übrigens war die Amtssprache jener Zeit in Dänemark das Deutsche; und da Paradis sein Gedicht an die „Citoyens fortunés" in französischer Sprache adressiert hatte, dürfte die breite Masse ihn nicht verstanden haben. Wahrscheinlich stellte der Autor Bernstorffs frankophile Neigungen in Rechnung, um sich mit dem, was er konnte, nämlich die französische Sprache zu lehren, ins Gespräch zu bringen.

Da der Erfolg dieser Demarche sich augenscheinlich nicht so schnell einstellen wollte, nahm Paradis den Geburtstag Friedrichs V. am 31. März 1761 sowie dessen Genesung nach einem Jagdunfall, der sich im Herbst 1760 ereignet hatte,

---

[24] Vgl. ADB, Artikel BERNSTORFF.

zum Anlaß für ein erneutes barockes Gedicht, das ebenfalls in Berlin gedruckt wurde und auf dessen Frontispiz wir lesen können:

> "*Poëme à l'occasion de l'anniversaire du jour natal et au sujet de l'heureuse convalescence de Frédéric V, Roi de Dannemarck et de Norwège &c. très humblement addressé à Sa Majesté par N.H. Paradis de Tavannes, Lecteur public de la langue françoise*, à Berlin, imprimé chez Jean Henri Gæbert. 1761"

Auf 18 Seiten liest man eine überschwängliche, barock verschnörkelte Hymne auf den dänischen König Friedrich V. Zunächst unterhält sich der Verfasser aber mit seiner Muse und betont, dass ihm jedweder Eigennutz fremd sei:

> „Voudrois-tu d'UN GRAND ROI publier la clémence
> Pour recueillir les fruits de SA munificence?
> Tu le sais, l'intérêt ne guide point mon cœur,
> En l'estime d'autrui je cherche mon bonheur.
> Je vis dans mon état heureux sans opulence
> Le seul nom de flatteur me fait honte & m'offence;"

Soll man es glauben? Paradis versäumt es nicht, seine Fähigkeiten als Grammatiker und Poet herauszustreichen. Und weiter zu seiner Muse:

> „Instruite des beautés du *langage françois*
> Tâche de t'illustrer par de brillans succès,
> Sans plaindre le travail, les veilles, ni la peine,
> Rends-toi digne des soins de quelque grand *Mécène*:
> Mais que ce soit toujours des principes d'honneur,
> Non le vîl intérêt, qui gouvernent ton cœur.
> Attaché au devoir d'instruire la jeunesse
> Ne garde sur autrui que le seul droit d'ainesse.
> Le pédant empesé ne fait que de vrais sots
> Par le clincan[25] pompeux de ses superbes mots,
> On traite avec douceur des cœurs tendres encore,
> Des disciples bien nés que la vertu décore.
> Cette charge t'honore, il est *un puissant ROI*
> QUI fait rendre agréable un si pénible emploi.
> Ce prince est FRÉDÉRIC QUI Veut que l'on s'empresse
> À former aux vertus le cœur de la jeunesse."

Hier werden Paradis' Absichten evident: er strebt in Dänemark eine Stelle als Erzieher und Französischlehrer an. Und wieder preist Paradis die Friedensliebe der dänischen Könige und die Prosperität des Landes. Als Kontrast erwähnt er die Kriegslüsternheit Preußens und das dadurch verursachte Elend unter den

---

[25] Gemeint ist: Le clinquant: Eclat artificiel, trompeur.

Menschen. Paradis erwähnt auch seine schon im dänischen Königreich lebende Familie, als er zu seiner Muse spricht:

> „Que tu veux célébrer UN PRINCE GÉNÉREUX
> QUI par mille bien faits rend *mes proches* heureux,
> Que touché des faveurs de SA main libérale,
> Tu veux dire l'effet de SA bonté royale."

Wiewohl Paradis in den Mittelpunkt seines Gedichts den dänischen König gestellt hat, gedenkt er auch des Ministers Bernstorff, auf dessen Wohlwollen er angewiesen sein wird und dessen Protektion er erbittet:

> „Il est dans cette ville un SEIGNEUR RESPECTABLE,
> UN MINISTRE équitable & plein de dignité
> QUI représente ici L'AUGUSTE MAJESTÉ,
> DE SA protection implore l'assistance,
> S'IL y donne les mains, pars avec assurance."

Schließlich bittet er den König huldvoll um seine Gunst:

> „Je me tais par respect en T'offrant mon hommage
> Heureux si je pouvois mériter TON suffrage!"

Und tatsächlich sollte es dem Petenten schlussendlich gelingen, Bernstorff als Protektor zu gewinnen.

Was hat man von solcher Poesie zu halten? Diese Frage beantwortet uns Paradis selbst. Im Jahre 1765 schreibt er in seinem als sein Hauptwerk zur französischen Grammatik anzusehenden Opus *Nouveau Systême* ein Kapitel zur *Versification françoise* und bekennt darin (Seite 130): Heutzutage bediene man sich der Poesie:

> „On s'en sert de nos jours pour louer dans certaines personnes des vertus qu'elles n'ont point. C'est faire la critique de notre siècle qui paye les louanges, sans récompenser les talents."

Hier offenbart sich eine neue Seite des Charakters von Paradis: Paradis, der Schmeichler und Heuchler! oder gar Zyniker? Einige Jahre später kommt Paradis nämlich auf das Thema der Schmeichelei zurück und schreibt, was er wirklich darüber dachte (Paradis 1768: 10):

> „Si les flatteurs déguisent aux grands les défauts par lesquels ils se déshonorent, ils doivent être prévenus que la postérité, qui ne sait point flatter, ne les épargneras pas."

Ohne Zweifel fand Paradis also in Bernstorff einen Fürsprecher. Und das auch noch mit Erfolg. Am 1. Januar 1762 wurde er als „Informator" (Lehrer) bei *Det kongelige Landkadetkorps* angestellt, einer Militärakademie in Kopenhagen. Der dänische König hatte im Jahre 1760 den Posten des Kriegsministers mit dem französischen Militär Claude-Louis comte de Saint-Germain (1698–1778) besetzt und diesen sogleich zum Feldmarschall befördert. Saint-Germain hatte sich im Siebenjährigen Krieg in der französischen Armee ausgezeichnet. Er führte in der dänischen Armee eine nahezu preußische Militärzucht ein. Als Franzose dürfte es dem Kriegsminister angelegen sein, dass die dänischen Offiziere Französisch lernten. Über die Bedeutung der französischen Sprache in Dänemark schrieb der gelehrte dänische Historiograph Peter Frederik Suhm (1728–1798):

> „Die französische Sprache hat seit Christian dem 5ten[26] allgemein zu werden angefangen; zur Gesellschaft und Politique ist sie fast unentbehrlich. Für Gelehrte ist hingegen die englische Sprache weit nothwendiger, eine Sprache, die unter uns zu sehr versäumt wird." (Suhm 1777: 176)

Die Kopenhagener Kadettenanstalt diente der Ausbildung von Offiziersnachwuchs. Und schon ausbildungsfähige Knaben und junge Leute, zumeist aus Offiziersfamilien rekrutiert, wurden aufgenommen; sie erhielten eine wissenschaftliche Bildung, und man gewöhnte sie an militärische Ordnung. Es wurde dafür gesorgt, dass der Französisch-Unterricht verstärkt gelehrt wurde. Bislang wirkte ein „Informator in der französischen Sprache" namens Weuillemin[27] in der Kadettenanstalt. Ihm stellte man Paradis als Assistenten zur Seite. Chef der Schule war der Obrist Hinrich von Gude (1703–1782). Dieser schrieb am 10. April 1762 an die Generalkommission[28], nachdem einige Anwärter auf den Posten probeweise beschäftigt worden waren:

> „[…] hätte schon für einigen Monathen melden sollen daß der Professor Nicolaus Hyacinthus Paradis de Tavannes zur assistence des Sprachmeister Veuillemins angenommen worden; ich habe mich aber noch nicht getraut solches zu unternehmen, sintemal seit Octobr. Monath a.p. deren 4. bis 5., einige auf etliche Tage, andere auf 2 u. 3 Wo-

---

[26] Christian V. wurde 1646 geboren und verstarb 1699. Von 1670 bis 1699 war er dänischer König.
[27] In den Archivalien der Kadettenanstalt, die heute im Kopenhagener Rigsarkivet verwahrt werden, findet man höchst unterschiedliche Schreibweisen dieses Namens: Veullemin, Veuillement, Veuillem, Vieullemin, Weullemin, Weullements.
[28] Rigsarkivet, C. Kopibøger 1747-1764 mm.

chen zur Probe umsonst informirt, nur der, höchstletzte, Namens Vernier, hat nicht auf diese Bedingung die Probe übernommen, sondern einen gantzen Monath aushalten und das Geld davor haben wollen, dem es auch nach beygehender Quitung ausbezahlet. Der gegenwärtige Paradis de Tavannes hat also von Neujahr die Information angefangen und wird dem Anschein nach continuiren, deswegen unterthänigst ersuche, dem Paradis de Tavannes das Geld für solche Zeit und nachhero assigniren zu lassen. [...]"

Nach dem Ableben von Weuillemin bestellte der dänische König Friedrich V. am 24. November 1762 Paradis zum Nachfolger. Diesem Erlaß war ein Schreiben[29] von Gudes vom 16. November 1762 an seinen Vorgesetzten, den Grafen Christian von Ahlefeldt (1732–1791), vorausgegangen:

„Ewr Befehl zu folge, habe mich über die französischen Sprachmeister welche sich zu Wiederbesetzung des verstorbenen Veuillemins Stelle angemeldet, unterthänigst erklären sollen. Dahero bin gemussigst in Erinnerung zu bringen, daß hier in der Academie der Professor Paradis de Tavannes bey den kleinsten Cadets die Information gegen 50 rthl. jährl. Gage vorstehet, u. dahero billig wäre, wenn eine Verbesserung sich ereignete, daß Ihm solche zufließe. Wenn ich nun überdem mit Grund der Warheit sagen kann, daß er bey den kleinen Cadets nicht allein fleißig, sondern auch mit guten Fortgange seine Information treibet, so würde, wenn es bey mir stünde, die Information bey den großen Cadets, wenigstens ein Jahr mit ihm probiren, damit nicht ein fleißiger Arbeiter, der schon im Hause emploiret, einem Fremden ohne Ursache nachgesetzet würde, welcher auch einen andern in seiner Stelle bey den Kleinen, desto mehr animiren wird."

Ab 1. Dezember 1762 erhielt Paradis ein Jahresgehalt von 200 Reichstalern, das im Jahre 1764 auf 300 Reichstaler aufgestockt wurde. Damit war Paradis gut situiert, und die Kasse[30] des Landkadetkorps weist die Familiensituation von Paradis aus: die Familie besteht aus Paradis de Tavannes, dessen Frau und zwei Kindern[31], „deren noch keines das 12te Jahr erreichet", sowie einer Dienstmagd: sie hieß Johanna. Wir erfahren hier auch, dass es in der Militärakademie noch einen weiteren Französisch-Informanten gab: Jean Mauclair, mit dem Paradis in einem guten Einvernehmen stand.

Anfang 1762 setzte Paradis erneut seine dichterischen Fähigkeiten ein, um dem dänischen König Friedrich V. am 31. März zu dessen 39. Geburtstag zu gratulieren. Das Besondere dieser feierlichen Gratulation bestand darin, dass er die Ode von den Kadetten der ersten Division für künftige Offiziere der Land-

---

[29] Ebenda.
[30] Rigsarkivet, Ø-33.
[31] Der erstgeborene Sohn Frédéric lebte offenbar nicht mehr.

streitkräfte an der Militärakademie vortragen ließ. Dieser Text wurde in der dänischen Zeitung *I Adresseavisen* Nr. 26 (1762) unter diesem Titel veröffentlicht:

> „*Ode à l'occasion du jour de naissance de Frédéric V, prononcée le 31 Mars de cette année par quelques uns des jeunes académiciens de la première division des officiers de terre de l'académie royale.*"

Der dichtungsfreudige Paradis verfasste im Jahre 1762 auch ein Hochzeitsgedicht (*épithalame*) zur Vermählung des Generaladjutanten, Stallmeisters und Gesandten in Dresden, des Reichsfreiherrn Frederik Ludvig Ernst von Bülow (1738–1811) mit der Gräfin Anna Sophie Danneskiold-Laurvig (1745–1787) am 10. Dezember 1762:

> „*Epitalame à l'occasion de l'Himen, célébré le X. de X.^{bre} 1762 entre le Baron de Bulow et Anne Sophie, Comtesse de Danneskiold-Laurvig*, Copenhague 1762."

Noch im Jahre 1762 erschien in Berlin bei dem Buchhändler und Verleger Arnold Wever eine *Grammaire raisonnée: qui contient la quintessence de toutes les meilleures grammaires*. Paradis hatte sie noch mit Blick auf seine Tätigkeit im Berlinischen Gymnasium zum Grauen Kloster verfasst. Das erkennt man daran, dass er zahlreiche Gegebenheiten in Konfrontation mit dem Deutschen erklärt. Da man an der Kopenhagener Militärakademie deutsch sprach, konnte er dieses Lehrbuch auch dort gut einsetzen. Es wendet sich allerdings laut Vorwort an die im Französischen schon Fortgeschrittenen, die sich weiterbilden wollen. Es handelt sich nach Paradis' eigener Aussage um „un extrait des meilleures Grammaires françoises". Darin merzt der Verfasser Überflüssiges und Unnötiges, wie es in anderen Grammatiken enthalten sei und das die Schüler überfordern und vom Erlernen der Sprache abbringen könnte, aus. Einen erleichterten Zugang verspricht Paradis mit seiner Methode der Darstellung, die an den barocken Salongeist von Frage und Antwort angelehnt ist. Dabei werde nur das aktuelle, moderne Französisch berücksichtigt. Das Buch solle nicht nur den Schülern von Nutzen, sondern auch in der Hand des Lehrers ein Leitfaden sein, der sich den Sprachunterricht zur Profession erwählt hat. Ihnen vermittle das Werk

> „une idée claire & précise de toutes les parties du discours, des regles de la prononciation, de l'accentuation, de l'ortographe, de la prosodie, de la construction, de l'analogie, de l'etimologie & de la sintaxe françoise […]."

Dazu stellt Paradis einen zweiten Band in Aussicht, der sich an Nichtdeutsche wenden will. Dieser Plan ist jedoch augenscheinlich nicht realisiert worden.

Den Titel *Grammaire raisonnée* erklärt der Verfasser so: „en effet tout y est raisonné avec solidité" zum Vorteil von Schülern und Lehrern. Wie schon in den oben erwähnten *Essais* von 1757 nehmen Aussprache und Rechtschreibung einen herausragenden Platz ein. Das Frage- und Antwortspiel stellt sich zum Beispiel so dar:

> „*Qu'est-ce que la gramaire?*
> C'est l'art de s'énoncer & d'écrire correctement, selon les principes d'une langue.
>
> *Qu'est-ce que la parole?*
> C'est la manifestation de la pensée par le secours de la voix, ou de l'écriture.
>
> *Qu'entendez-vous par pensées?*
> Ce sont les opérations de notre ame, ou de ce qui se passe dans notre esprit: elles naissent de l'union des idées.
>
> *Qu'est-ce qu'une lettre?*
> C'est un caractère qui, seul, ou avec le secours d'un ou de plusieurs autres, représente un son qui peut être articulé par la voix."

Ein nun schon in Kopenhagen entstandenes 45-seitiges Werk sind die im Jahre 1763 dort im Verlag der Witwe Ludolph Henri Lillie gedruckten

> „*Réflexions sur l'étude de la langue françoise considérée comme une langue universelle qui fait partie de l'éducation des jeunes-gens de l'un & de l'autre sèxe, tant de qualité, que de ceux qui sont au dessus du commun peuple, où l'auteur, après avoir examiné si cet idiôme peut avoir quelque influence sur les siences & sur les mœurs, donne, en peu de mots, le plan d'une nouvelle méthôde, à l'aide de la quelle on pourroit enseigner cette langue avec succès, & sans perte de tems.*"

Paradis, der „Lecteur Royal en Langue et Belles-Lettres Françoises à l'Académie royale militaire de Copenhague" bietet seine Dienste und gleichzeitig im Einvernehmen mit seinem Kollegen Mauclair dessen gute Dienste dem Publikum an: das beweist ein „Avertissement", den (Paradis 1763a) angeschlossen ist:

> „Comme c'est une chose louable en soi que d'offrir ses services au public, je prends la liberté de lui offrir les miens, promettant de le servir avec tout le zèle possible: Mr. MAUCLAIR, mon collègue en fait de même. L'AUTEUR."

Wie schon früher in Berlin, wo Paradis mit seinem Kollegen am Grauen Kloster, Arnal, zusammenarbeitete, zeigt sich auch hier, dass er mit seinem Kopenhagener Kollegen Mauclair eine gute Zusammenarbeit pflegte. Paradis dürfte auch ein umgänglicher und zufriedener Mensch gewesen sein.

Die *Réflexions* sind als eine Art Prospekt für eine von Paradis angekündigte *Grammaire philologique* gedacht, die allerdings nie erschienen ist. Stattdessen publizierte er 1765 den *Nouveau Système*. Unter dem Begriff *Grammaire* verstand Paradis immer ein Lehrbuch. Schon in den fünfziger Jahren hatte sich Paradis mit Fragen der Erziehung beschäftigt, ein Thema, auf das er in den *Réflexions* zurückkam. Im Zentrum der diesbezüglichen Überlegungen steht der Begriff der „éducation raisonnable", d.h. es sei letztlich Ziel einer Erziehung, der Gesellschaft nützlich zu sein:

> „Donner une bonne éducation à un enfant, c'est en faire un bon Chrétien, un sujet fidèle, [...] laborieux, vigilant, industrieux; en un mot un citoyen utile au prince, à la patrie, à ses compatriotes & à soi-même." (Paradis 1763a: 4)

Von dieser Erziehung hänge das Schicksal der Nachfahren ab. Da das Kind zur Nachahmung neige, müssen die Lehrer und die Eltern als Vorbilder dienen, denn sie tragen die Verantwortung dafür, dass das Kind eine Bildung erhält, tugendhaft und nicht lasterhaft wird. Hierbei erhalte das Erlernen der französischen Sprache eine herausragende Bedeutung, denn sie ist zunächst einmal die Universalsprache in Europa. Das Französischlehrbuch habe in diesem Zusammenhang eine doppelte Aufgabe: einerseits die Vermittlung französischer Sprachkenntnisse, andererseits die Bereitstellung nützlicher Kenntnisse, die sich in späteren Jahren bezahlt machen. Deshalb sollen im Vergleich zu anderen Lehrbüchern die Beispiele und Lesestücke sorgfältig ausgewählt werden. Und zudem komme dem Sprachlehrer im Sinn der Vorbildfunktion eine besondere Aufgabe zu: die Vermittlung von Sittlichkeit:

> „Les personnes qui s'appliquent à la langue françoise, prennent beaucoup des mœurs de leurs maîtres, ce qui ne peut leur nuire, lorsqu'ils ont fait un bon choix, & qu'ils sont dirigés par un homme prudent, lettré & versé dans sa langue; mais lorsque le contraire arrive, ils apprennent un françois barbare & adoptent des mœurs pires encore que le langage [...]" (8, Fußnote).

Die Vermittlung von Tugendhaftigkeit und Geschmack sollen im Französisch-Unterricht mit der Sprachlehre Hand in Hand gehen. Die Qualität oder Qualifikation des Sprachlehrers war in der Mitte des 18. Jahrhunderts ein durchaus diskutiertes Thema, da immer wieder Sprachmeister ohne entsprechende Ausbildung oder Vorbildung ihre Sprechfähigkeit eher schlecht denn recht zur Verfügung stellten. Es sei in diesem Zusammenhang an den Helmstädter Lektor Joseph Beauregard[32] erinnert, der schon im Jahre 1748 eine Programmschrift mit dem Titel *Avis concernant les qualités, que doit avoir un bon maitre de la langue françoise avec des observations sur quelques difficultés particulières, qui se rencontrent dans la dite langue* in Helmstädt publiziert hatte.[33] Beauregard vertrat die Auffassung, dass nur ein mit Methode ausgeführter Sprachunterricht ein fehlerfreies Beherrschen der Sprache bewirken könne. Man sehe oft, dass jene „personnes de distinction", die in Deutschland in der Regel französisch sprechen können, doch auch Fehler begehen, wenn sie eben keinen methodischen Unterricht genossen haben. Für einen solchen Unterricht sei ein guter Sprachlehrer nötig. Nach Beauregard brauche ein guter Lehrer des Französischen drei Eigenschaften: er muß ein gebürtiger Franzose sein; er muß studiert haben, und er muß ein „honnête homme" sein. Der „François natif" sei wegen der korrekten Aussprache, die er gleichsam mit der Muttermilch eingesogen habe, absolut nötig. Außerdem habe ein Franzose im Unterricht mehr Geduld, wenn es um die Korrektur von Fehlern geht. Was das Studium angeht, so schränkte Beauregard diesen Gesichtspunkt dahingehend ein, dass der Lehrer Lateinisch kennen sollte, um die Grammatik erklären zu können. Man sieht hier, dass der Autor das Französische, wie zu der Zeit gerade noch üblich, noch anhand der lateinischen

---

[32] „lecteur public de cette langue". BEAUREGARD wurde am 13. März 1716 in Frankreich geboren und verstarb in Helmstedt am 21. Februar 1779. Er kam 1742 mit der Absicht nach Helmstedt, eine Sprachschule für Französisch zu eröffnen. Dazu publizierte er einen *Plan de la nouvelle Académie françoise établie sous la direction de Joseph Beauregard*, Helmstedt: P.T. Schnorr, 1744. (Dieses Werk ist in keiner Bibliothek vorhanden.) BEAUREGARD erhielt die Stelle eines Sprachmeisters an der Universität Helmstedt. (Diese Universität existierte von 1576 bis 1809.) Im Jahre 1745 gründete er in Helmstedt eine Französische Gesellschaft. Im Jahre 1751 richtete die Universität für ihren Sprachmeister ein Lektorat für Französisch und Englisch ein. Im Jahre 1753 wurde Beauregards Position durch die Verleihung des Titels eines außerordentlichen Professors gestärkt. Es ist auch belegt, dass BEAUREGARD Italienisch unterrichtete. Vgl. AHRENS (2004: 17).
[33] Diese Schrift wurde im Jahre 1759 erneut in erweiterter Fassung verlegt und trug nun den Titel Explication de quelques difficultés essentielles, qui se rencontrent dans l'étude de la langue françoise, avec des observations sur la manière de prononcer les monosillabes, qui se terminent en e, Helmstedt: Weygand, 63 S.

Grammatik lehrte. Wenn ein Lehrer kein „honnête homme" wäre, würde er beim Unterricht nur seine eigenen Interessen vertreten und seine Schüler vernachlässigen, sie nicht zu Fleiß und Beharrlichkeit anhalten, vielmehr ihre Faulheit fördern. Der Lehrer selbst würde die Minuten zählen, bis die Stunde beendet ist, damit die Schüler langweilen, andererseits aber darauf aussein, am Monatsende sein Gehalt abzuholen.

> „C'est le choix d'un mauvais maitre, avec le quel on perd son tems, & son argent. L'Allemagne fourmille de maitres de langue, mais combien peu y en a-t-il, qui puissent à bon droit s'approprier ce titre. Tel donne des leçons dans la langue françoise, qui n'en a ni l'accent, ni l'usage, & qui dans sa méthode n'a d'autre guide, qu'une grammaire, qu'il n'entend pas lui même; & qu'il se contente de faire apprendre par cœur à ses écoliers." (Beauregard 1759: 47f.)

Ein guter, ein ehrenhafter und rechtschaffener Lehrer dagegen wird die Schüler zum Fleißigsein anhalten und zeigen, dass er seinen Unterricht mit Liebe und Eifer ausführt, dessen Gegenstand er gründlich kennt:

> „Pour enseigner une langue avec succès il faut l'entendre à fond, en connoitre toutes les beautés, en savoir le genie; enfin il faut, pour ainsi dire s'il est possible, l'avoir succée [sic] avec le lait, & cultivé ensuite par l'étude. Ce qui n'est pas une si petite affaire, que bien des gens se l'imaginent. Enfin c'est un art qu'on n'aquiert, qu'à force d'aplication." (Beauregard 1759: 48)

Bei Paradis lesen wir die gleichen Anforderungen für einen guten Lehrer, wie sie Beauregard vorgegeben hat:

> „La première qualité d'un bon maître est d'être *honnète homme*; il doit en second lieu *savoir la langue qu'il enseigne*, & il seroit à souhaiter qu'outre cela, *il eût fait de bonnes études*; mais dans le besoin on peut se relâcher sur ce dernier article, pourvu que le maître soit un homme sage, de bonnes mœurs, & instruit par l'expérience des choses qu'il n'a pas apprises par l'étude." (Paradis 1763a: 12)

Im Gegensatz zu Beauregard schreibt Paradis einen Großteil der Verantwortung für die Erziehung und Ausbildung den Eltern zu, was schwierig wird, wenn die Eltern selbst keine Ausbildung und Erziehung genossen haben:

> „L'indifférence dont je me plains [Gleichgültigkeit des Lehrers und der Eltern] ne doit pas être attribuée à tous les pères de famille, & ne s'étend pas non plus sur tous les maîtres; moins encore sur ceux qui sont au service de *Sa Majesté*; mais il est toujours vrai que le plus grand nombre des pères & mères, soit par orgueuil, soit par ignorance, soit faute d'éducation, [...] ont presque honte de reconnoître les obligations qu'ils doivent avoir à ceux qui se donnent la peine d'élever leur famille, comme s'il y avoit moins de mérite à cela qu'à savoir faire un habit à la mode." (Paradis 1763a: 14)

In diesen Bahnen bewegt sich Paradis, wenn er ein neues Lehrbuch des Französischen konzipiert:

„Comme l'étude d'une langue consiste à en apprendre les termes, les expressions & le génie, ce qui ne se fait qu'en lisant & en écrivant beaucoup, ou en parlant, il faudroit mettre des choses solides à la place des misères que l'on enseigne aux disciples. Cela piqueroit leur curiosité, réveilleroit l'attention du maître, & tiendroit lieu d'une espèce de cours d'étude à un certain rang de personnes non-lettrées qui s'appliquent à cette langue." (Paradis 1763a: 9f)

Dabei soll ein weiteres Anliegen des Französischlehrers herausgehoben werden, nämlich die Bedeutung des Erlernens der französischen Sprache für die Allgemeinbildung (z.B. Geographie, Astronomie, Natur- und politische Geschichte) und die Herzensbildung des Schülers. Paradis (S. 16) betont durch kursive Hervorhebung:

„[...] la langue françoise, influant tant sur les mœurs, que sur les siences [sic], on devroit employer le tems qu'on y destine, non seulement à apprendre cet idiôme; mais encore en même tems mille autres connoissances capables de former l'esprit & le cœur des jeunes-gens, aussi bien que de ceux qui n'ont point fait d'étude."

In diesem Anliegen verdeutlicht Paradis wieder den aufklärerischen Nützlichkeitsgedanken bei der Erziehung des jungen Menschen. Aber auch für ihn selbst gilt dieser Nützlichkeitsgedanke: er will sich der dänischen Gesellschaft als nützlich erweisen und mit dem neuen Lehrbuch dazu beitragen, dass er in Dänemark bekannt wird. Im Einzelnen führt er als Ziel aus (17):

„*Le soin d'acquérir quelque réputation dans un pays où je suis encore inconnu*, quoique j'aie professé pendant dix ans la langue & les belles-lettres françoises en Allemagne[34], d'où je suis sorti pour me soustraire aux fureurs d'une guerre cruelle & sanglante, & non à la faim, ou à la misère: [...] *le désir* dis-je *de me faire connoître* dans un pays, où je vais consacrer tout le tems de ma vie au service du monarque & du public, n'a pas été un motif moins puissant pour me porter à cette entreprise, que l'envie de pouvoir m'aquitter dignement de mon emploi."

Das Publikum werde einwenden, es gebe doch schon so viele französische Grammatiken, warum nun eine neue. Paradis nennt dazu einige französische Grammatikographen und Schriftsteller: Restaut[35], Buffier[36], La Touche[37], Gi-

---

[34] Damit bezeugt Paradis, daß er im Jahre 1753 nach Berlin gekommen ist.
[35] Pierre RESTAUT (1696–1764), Abrégé des principes de la grammaire françoise, par Monsieur Restaut. Nouvelle édition augmentée des Principes Généraux de l'Orthographe et

rard[38], Grimarest[39], Arnaud, Lancelot[40], Desmarets[41], und de Fenne[42]. Paradis hält dagegen, dass alle diese Grammatiker für ein französisches Publikum geschrieben haben; er hingegen habe als Zielgruppe die Lernenden in Deutschland und Dänemark im Auge, denen weniger mit Theorie als mit Praxis zu begegnen seien (19):

> „[...] je n'ai garde de prétendre que mon ouvrage surpasse, quant à la théorie *tout* [sic] *ces modèles parfaits que nous regardons comme nos maîtres*; mais quant à la pratique, il les surpasse sans doute; *puisque ces auteurs, n'aiant écrit ni pour la nation*

---

d'un Abregé des Principes de la Langue Françoise. A Lausanne, chez François Grasset, 1760. (Digitalisiert im Internet).

[36] Claude BUFFIER (1661–1737), Grammaire françoise sur un plan nouveau, avec un Traité de la prononciation des e, & un Abrégé des régles de la Poësie Françoise. Nouvelle edition, Revûê, corrigée & augmentée. Par le Pére Buffier, de la Compagnie de Jesus. A Paris, Chez Bordelet, rue S. Jacques, vis-à-vis le College des Jesuites, à Saint Ignace, 1729. (Digitalisiert im Internet).

[37] Nicolas de LA TOUCHE († 1730), L'Art de bien parler françois, par M. de La Touche. Qui comprend tout ce qui regarde la Grammaire, & les Façons de parler douteuses. Septieme edition, revue exactement sur la Grammaire de Mr. L'Abbé Regnier Desmarais, sur le Dictionaire de l'Académie Françoise, & sur plusieurs Remarques nouvelles; et augmentée de plusieurs articles importans, qui ne se trouvent point dans les trois premieres Editions, 2 Bände, Amsterdam und Leipzig: Arkstee und Merkus, 1760. (Digitalisiert im Internet).

[38] Gabriel GIRARD (1677–1748), Les vrais principes de la langue françoise: ou la parole reduite en methode, conformément aux loix de l'usage. En seize discours: Par M. L'abbé Girard, de l'Académie Françoise, & Secretaire-Interprète du Roi, Amsterdam: Wetstein, 1747. (Digitalisiert im Internet).

[39] Jean Léonor Le Gallois de GRIMAREST (1659–1713), Eclaircissemens sur les principes de la langue françoise, Paris: Florentin Delaulne, 1712. (Reprint Slatkine, 1973)

[40] Antoine ARNAUD (1612–1694) und Claude LANCELOT (~1615–1695), Grammaire générale et raisonnée (= Grammaire de Port-Royal), Paris 1660.

[41] Jean DESMARETS de Saint-Solin (1595–1676), Comparaison de la langue et de la poésie françoise avec la grecque et la latine, Paris 1670.

[42] François de FENNE († 1710?), Institutio Linguæ Gallicæ Præceptis brevissimis, ac ordini meliori restitutis, a Francisco de Fenne In Illustr. Academ. Lugd. Batav. Eandem Linguam (dum viveret) profitente, priùs comprehensa, Nunc octavo recognita et novis Observationibus locupletata, A J[Jean].B[Baptiste]. Boucher de Begnicour Phil. & Liberal. Art. Mag. Accedunt Ejusdem Franc. De Fenne Ratio bene scribendi Litteras, sive Epistolas, Indiculus Dictionum, atque Phrasium Dictionum, atque Phrasium, &c. & Colloquia nonnulla. Lugd[uni]. Batav[orum]. [Leiden], Cornelius Boutestein, 1703.

> - François de FENNE, Entretiens familiers pour les amateurs de la langue françoise, divisés en deux parties, dont la première contient un abrégé des règles & des Observations de la grammaire, & l'autre la manière, dont on se doit gouverner parmi le beau monde, Leyden: Corneille Boutesteyn, 1690.

allemande, ni pour la nation danoise; mais uniquement pour la leur, ont tout à fait omis dans leurs méthodes ce qui concerne la pratique."

Die Praxis bedeute das aktive Sprechen oder Lesen oder Übersetzen ins Französische im Gegensatz zum Muttersprachler, der die Praxis durch das tägliche Sprechen erwirbt. Für den Ausländer bedeute das Aktive ein ständiges Übersetzen von der Muttersprache ins Französische: das ist eine freilich zeitgebundene Aussage, die in nachfolgenden Jahrhunderten revidiert, wohl aber oft noch praktiziert wird. Was Paradis endlich vorhat, ist „une grammaire qui joignît une vraie pratique à une bonne théorie" (20). Überdies sieht Paradis die Notwendigkeit, französische Literaturgeschichte zu lehren, um Reinheit und Eleganz der Sprache vor Augen zu führen (28, Fußnote):

„Il conviendroit aussi de leur faire faire un cours de belles-lettres françoises; j'entens ici par belles-lettres, cette partie de la littérature françoise qui est relative à la pureté & à l'élégance de cet idiome."

Für spezielle Bereiche des Französischen beruft sich Paradis auf weitere Autoren (hier in Paradis' Orthographie): so für die Prosodie auf d'Olivet[43] und Durand[44]; für die Rhetorik auf L'Ami[45] und Batteux[46]; für die Tropen auf Du Marsais[47]; sowie ferner Richelet[48], Dannet[49], Bouhours[50], Mme de Sévigni[51], den Gra-

---

[43] Pierre Joseph Thoulier D'OLIVET, Traité de la prosodie françoise, La Haye 1757 u.ö.

[44] David DURAND (1680?–1763). Traité de la prosodie par M. L'abbé d'Olivet. Avec une dissertation de M. Durand sur le même sujet, La Haye 1757.

[45] Bernard LAMY (1640–1715), La Rhétorique ou l'art de parler, Paris: Didot, ^{4}1757.

[46] Charles BATTEUX (1713–1780), Cours de belles-lettres distribué par exercices, Paris: Desaint et Saillant, 1747/1748.

[47] César Chesneau DUMARSAIS (Du Marsais) (1676–1780), Traité des tropes, pour servir d'introduction à la rhétorique et à la logique, par M. Du Marsais. Nouvelle édition publiée par M. Formey, Leipsic: Vve G. Fritsch, 1757. [Johann Heinrich Samuel FORMEY (1711–1797)].

[48] César Pierre RICHELET (1626–1698), La Versification françoise, ou l'Art de faire et tourner les vers, Paris: E. Loyson, 1677;
Dictionnaire de la langue françoise ancienne et moderne de Pierre RICHELET. Nouvelle édition [...] Lyon: P. Bruyset-Ponthus, 1759.

[49] Pierre DANET (~1650–1709), Grand Dictionnaire françois et latin, enrichi des meilleures façons de parler, en l'une et l'autre langue, avec des notes de critique et de grammaire, composé [...] pour servir aux études de Monseigneur le Dauphin [...] par M. l'abbé Danet. Nouvelle édition [...] revue [...], Lyon: Deville frères et L. Chalmette, 1735.

[50] Dominique BOUHOURS (1628–1702), Doutes sur la langue françoise proposés à MM. de l'Académie françoise par un gentilhomme de province, Paris: S. Marbre-Cramoisy, 1674;
Remarques nouvelles sur la langue françoise, Paris: S. Marbre-Cramoisy, 1675;

fen Bussi[52], La Fontaine[53], Boileau[54], Mme Deshoulières[55]. Ferner findet er Beispiele bei deutschen Autoren: genannt werden Gellert[56], Hagedorn[57], Rabner[58], Ramler[59], Büsching[60], Hubner[61], Schatz[62], Lichtwehr[63], Roux[64], Frisch[65], Rondeau[66] und Cramer[67].

Suites des Remarques nouvelles sur la langue françoise, Paris: G et L. Josse, 1692.

[51] Marie de Rabutin-Hortense, marquise de SÉVIGNÉ (1626–1696), Lettres de Marie Rabutin-Chantal, marquise de Sévigné, à Mme la comtesse de Grignan, sa fille Rollin, s. l., 1733.

[52] Roger de BUSSY-RABUTIN (1618–1693), Lettres de messire Roger de Rabutin, comte de Bussy, [...] avec les réponses. Nouvelle édition, où l'on a inséré les trois volumes de nouvelles lettres publiez en 1709 et rangé toutes les lettres selon l'ordre chronologique. Tome premier (- cinquième), Paris : F. Delaulne, 1714–1715.

[53] Jean de LA FONTAINE (1621–1695), Fables choisies, mises en vers par M. de La Fontaine, et par luy reveues, corrigées et augmentées de plusieurs fables, Londres: P. et I. Vaillant, 1708.

[54] Nicolas BOILEAU (1636–1711), Oeuvres de Mr Boileau-Despréaux, avec des Eclaircissements historiques, donnés par lui-même. Tome II, Epitres. Art poétique. Lutrin. Odes. Epigrammes. Poésies. – Nouvelle édition, Amsterdam : François Changuion, 1749.

[55] Antoinette Des HOULIÈRES (1638–1694) und Antoinette-Thérèse Des HOULIÈRES (1659–1718), Poésies de Me. et Mlle. Deshoulières. Nouvelle édition, Paris: Prault, 1747, 2 Bände.

[56] Christian Fürchtegott GELLERT (1715–1769), Fabeln und Erzählungen, Leipzig: Jo. Wendler, 1746-48, 2 Teile.

[57] Friedrich von HAGEDORN (1708–1754), Versuch in poetischen Fabeln und Erzählungen, Hamburg: Piscator/König, 1738.

[58] Gottlieb Wilhelm RABENER (1714–1771), Satiren, Leipzig: Dyck, [6]1761.

[59] Karl Wilhelm RAMLER (1725–1798), Dichter, Philosoph, Aufklärer.

[60] Anton Friedrich BÜSCHING (1724–1793), Geograph und Theologe.

[61] Johann HÜBNER (1668–1731), Geograph, Pädagoge, Rektor in Hamburg; La Géographie Universelle, Où l'on donne une idée abgrégée des quatre parties du monde, et des différens lieux qu'elles renferment, par Jean Hubner, 6 tomes, Basle: Im-Hof, 1761.

[62] Johann Jacob SCHATZ (1691–1760), Gymnasialprofessor und Universitätsbibliothekar in Strasburg; Französischer Langius: das ist: erleichterte Frantzösische Grammatica, welche überhaupt nach der Lateinischen Grammatica Langiana eingerichtet ist/ verfaßt von Johan Jacob Schatz, Frankfurth am Mayn: Sand, 1724;
Anfangsgründe der Geographie, Frankfurt und Leipzig: 1753;
Versuch einer kurzen und gründlichen Anweisung zur Deutschen und Lateinischen Orthographie, Strasburg: Schmidt, 1755.

[63] Magnus Gottfried LICHTWER (1719–1783), Herrn M.G. Lichtwers auserlesene verbesserte Fabeln und Erzählungen in zweyen Büchern, Greifswalde & Leipzig: Weitbrecht, 1761.

[64] Philibert-Joseph Le ROUX (1693–1752), Dictionnaire Comique, Satyrique, Critique, Burlesque, Libre & Proverbial: Avec une Explication très-fidéle de toutes les manières de parler Burlesques, Comiques, Libres, Satyriques, Critiques & Proverbiales, qui peuvent se rencontrer dans les meilleurs Auteurs, tant Anciens que Modernes; le Tout Pour faciliter aux

Etrangers & aux François mêmes l'intelligence de toutes sortes de livres, Nouvelle Édition revuë, Corrigée & Considerablement augmentée. Lion: Beringos, 1752.

[65] Johann Leonhard FRISCH (1666–1743), Nouveau Dictionnaire Des Passagers François-Allemand Et Allemand-François, Oder Neues Frantzösisch-Teutsches und Teutsch-Frantzösisches Wörter-Buch, Worinnen alle Frantzösische Wörter, auch der Künste und Wissenschaften aus den vollkommensten und neuesten Dictionariis, nebst den nöthigsten Constructionen und Redens-Arten, durch kürtzlich gezeigte Etymologie, und durch das gebräuchlichste, auch reinste Teutsch erkläret worden; Im Teutschen Theile aber eine so grosse Verbesserung und Vermehrung geschehen, daß die Liebhaber beyder Sprachen dieses Buch mit grossem Nutzen gebrauchen können / Herausgegeben von Johann Leonhard Frisch, Mitglied der Kön. Preuß. Societ. der Wissenschaften in Berlin. Neue und vermehrte Auflage, Leipzig: Gleditsch, 1739.

[66] Pierre RONDEAU [= Johann Theodor JABLONSKI (1654–1731)], Nouveau Dictionnaire François-Allemand, contenant tous les mots les plus connûs et usités de la langue françoise, ses expressions propres, Figurées, proverbiales et burlesques avec plusieurs termes de l'art et des sciences. Le tout tiré des auteurs les plus approuvés et composé sur le modèle des dictionnaires les plus nouveaux. Nouvelle édition, revue, corrigée et considérablement augmentée, Leipzig/Franckfurt, 1740.

[67] Matthias KRAMER (1640–1727), *Le vraiment parfait Dictionnaire Roial, Radical, Etimologique, Sinonimique, Phraseologique, & Syntactique, François-Allemand. Ouvrage nouveau & accompli; Enrichi De tout ce qu'il y a de plus beau, de plus poli, & de mieux établi dans le fameux Dictionnaire Roial de Messieurs de l'Academie Françoise, dans ceux d'Antoine Furetiere, de Pierre Richelet, & d'autres; & exemt, au possible, de tous leurs Defauts, & de toutes leurs Imperfections; Outre ce que l'Auteur y a inseré de beau & de bon des plus excellens Ecrivains françois modernes, & d'ailleurs; De sorte, que les Allemans qui apprennent à parler & à écrire en françois, & à y traduire comme il faut, y trouveront par l'ordre des racines, & des quasi-racines,*
Tous les Mots françois de bon & de bel Usage, avec toutes leurs diverses Significations propres aussi bien que figurées; & toutes les Locutions & Phrases françoises, dont on se sert dans le Commerce General de tous les honnétes gens, dans leur juste Construction; accompagnées de leurs Explications en pur Allemand. Nüremberg 1712-15.

Der deutsche Titel des Wörterbuchs lautet:
Das recht vollkommen-Königliche Dictionarium Radicale, Etymologicum, Synonymicum, Phraseologicum, & Syntacticum, Frantzösisch-Teutsch Ein neu-vollständiges Werck; Bereichert mit allem, was da schönes, reines, und am besten fest-gestelltes in dem berühmten Königlichen Dictionaire der Frantzösischen Sprach-Academie, wie auch in des Antoine Furetiere, in des Pierre Richelet, und anderer ihren mag vorhanden seyn; und hingegen von allen Mängeln und Abgang derselben, so viel möglich, befreyet; Nebst dem, was der Autor sonst gut- und artiges aus den vortrefflichsten Frantzös. Scribenten, und anderwärts, mit unverdrossenem Fleiß gezogen, und mit eingebracht hat. So, daß alle, recht Frantzösisch reden, schreiben, und übersetzen zu lernen beflissene Teutschen, (für welche es eigentlich gemacht) darinnen, nach Ordnung der Frantzösischen Stamm-, und Quasi-Stamm-Wörtern, antreffen werden: I. Alle rein-frantzösische, nicht nur blosse Wörter, und alle dero verschiedene Bedeutungen; sondern auch alle dero Red-Arten (Phrases) wie sie im allgemeinen Umgang aller ehrlichen Leute gebräuchlich; samt ihren rein-teutschen Auslegungen.

Und Paradis spart nicht an Kritik an aktuellen Konkurrenzunternehmen. Zunächst greift er die gerade erschienene Grammatik von Robert Jean Des Pépliers[68] an:

> *„Nouvelle et parfaite grammaire royale Françoise et Allemande = Neue und vollkommene königliche französische Grammatik bisher unter dem Nahmen des Herrn Des Pepliers, vielmals herausgegeben. Gegenwärtig aber durchgehends aus des berühmten Französischen Jesuiten, Hn. Buffier, und anderer gelehrten Anmerckungen, auf das fleißigste verbessert, mit einem zulänglichen Unterricht von der heutigen allerneusten Französischen Orthographie und Aussprache, einer vermehrten und erläuterten Anweisung zur teutschen Titulatur, auch einem viel vergrösserten Churfürstlichen Sächsischen Titular-Buche, auf das neue übersehen, verbessert und vermehret,* Leipzig: in der Weidmannischen Buchhandlung, 1761."

Paradis verlangt von den Übersetzungsaufgaben in einem Lehrbuch, dass sie die Grammatik oder die sprachliche Reinheit schulen. Ein solches Lehrbuch gebe es bei der Vielzahl der vorhandenen Werke nicht, vor allem der aktuelle, auch in Dänemark verwendete Pépliers leiste das nicht, wiewohl die grammatische Theorie bei allen Lehrbüchern die gleiche sei. Das eigene Lehrbuch habe nun „le seul avantage de renfermer une pratique sûre, aisée, & raisonnable". Überdies könne der Schüler Wissen zur Geschichte, Geographie und Moral erwerben. In die Kritik an Des Pépliers bezieht Paradis in einem Atemzug auch die neueste Grammatik von Hilmar Curas (1673–1747) ein[69]:

> *„Nouvelle & parfaite grammaire françoise & allemande; erleichterte und durch lange Erfahrung verbesserte frantzösische Grammatik, worinnen alles, was zu dieser Sprachlehre gehöret, anzutreffen ist, Als derselben Aussprache, Rechtschreibung, mancherley Gebrauch der Zeitwörter, und gründliche syntaktische Regeln u.s.w.; nebst einem Verzeichnisse der gewöhnlichsten Wörter, nützlichen Gesprächen für die Anfänger, unterschiedlichen französischen Briefen und gutem Vorrath an deutschen Sprachübungen für Lernende und auch für einige Lehrende,* Berlin und Frankfurt 1759/60."

Sie wurde ebenfalls in Dänemark verwendet. Die penible Kritik betrifft die *orthographie et prononciation vicieuses* bei beiden Verfassern. Auch die Wortschatzbeispiele seien kritikwürdig, weil sie aus Paradis' Sicht oft der Moral abträglich sind. Er nennt – nur wenige, offenbar zeitgenössisch anstößige Beispiele seien zitiert - : „mouchez-vous, vos narines sont pleines de morve; cette demoi-

---

[68] In den Jahren zwischen 1696 und 1795 lassen sich ungefähr 32 Berliner Auflagen dieser Grammatik nachweisen, was ein deutliches Zeichen für deren Beliebtheit darstellt.
[69] Für deren Beliebtheit zeugt die Tatsache, daß zwischen 1739 und 1808 immerhin 23 Auflagen erschienen sind.

selle a les tétons découverts jusqu'au milieu; retirez-vous, ou je vous donnerai du pied au cul" (39).

„Ces deux grammaires sont d'un bout à l'autre remplies d'absurdités qui ne tendent à rien moins qu'à détruire les principes fondamentaux, l'analogie & le génie de notre langue. Ce seroit encore peu de chose si Pépliers n'avoit rempli son livre d'impertinences choquantes qui salissent la bouche: en voici quelques unes dont je prie le lecteur de vouloir bien me pardonner la citation, à cause de la nécessité où je me trouve de le faire, pour prouver que cette grammaire n'est pas faite pour être entre les mains de personnes bien nées." (39f.)

Mit diesen Anwürfen kontrastiert Paradis seine Unterrichtsmethode, wenn er die Einzelheiten des Lehrplans für die Kopenhagener Militärakademie beschreibt, in der in vier Jahrgängen unterrichtet wird, wobei er sich übrigens die oberen Klassen oder Divisionen vorbehält, während sein Kollege Mauclerc die Anfänger unterrichtet.[70]

In der ersten Klasse werden französisch-deutsche Übersetzungsübungen durchgeführt, grammatische Exerzitien bezüglich Deklination und Konjugation mit Hilfe kleiner Satzübungen abgehalten, die auf deutsch vorgeben und auf französisch wiederholt werden. Zu dem kommt die Lektüre kleiner Dialoge. Für diesen Unterricht genüge völlig das Paradissche Lehrbuch. Nach den ersten Fortschritten könne man auch beginnen, aus dem Deutschen ins Französische zu übersetzen.

In der zweiten Klasse werden Deklinationen, Konjugationen und Phraseologie wiederholt sowie Wortschatzübungen angestellt, Übersetzungen vom Deutschen ins Französische werden korrigiert, französische Syntax wird gelehrt. Anhand einer Fabel werden Wörter und Ausdrücke erarbeitet. Die Schüler sollen sich auf französisch unterhalten, wobei der Lehrer korrigierend und helfend eingreift.

In der dritten Klasse nähert man sich dem Schreiben kleiner Briefe, Übersetzungen aus dem Deutschen ins Französische werden korrigiert, »amusemens philologiques« werden auf französisch erklärt; die Schüler unterhalten sich untereinander laut. Kleine Gedichte werden gelesen. Die Schüler sollen sich mit

---

[70] „Cette classe est la première de toutes, elle répond à notre Ière division de l'accadémie royale militaire, confiée, pour la langue françoise, aux soins de Mr. Mauclerc, homme de probité & de bonsens, attaché à son devoir & qui fait tous les efforts pour se rendre utile." (Paradis 1763a: 24)

Synonymen, Homonymen und bildlichen Ausdrucken vertraut machen und deutsche Verse ins Französische übertragen.

Die vierte Klasse setzt voraus, dass die Schüler in der französischen Sprache und Grammatik einigermaßen sattelfest sind, so dass man sich jetzt der französischen Rhetorik und der sprachlich reinen und eleganten Literatur nähern kann. Dazu wird Fénelons *Télémaque* herangezogen und eine Einführung in die französische Verslehre gegeben. Mit verteilten Rollen wird man die Schüler französische Dramen lesen lassen, wobei auf neuen Wortschatz, auf die Aussprache, Gesten und Tonfall zu achten wäre.

Gleichsam nebenbei kommt Paradis auf das Verhältnis des Französischen zum Lateinischen zu sprechen, das er zeittypisch lediglich auf der Ebene des Wortschatzes sieht. Im Übrigen biete die Kenntnis des Lateinischen aber eine gute Grundlage dafür, sich in eine andere Sprache hineinzudenken. Dennoch:

„[...] quoique nous aions dans notre langue quantité de mots latins, cette première [la latine] n'est pas néanmoins plus analogue à la nôtre, quant au génie, à la construction & aux idiotismes, que le grec l'est au chinois; ainsi ceux qui ont appris le latin, savent tout au plus un grand nombre de mots que l'on peut franciser [...]. On dit que notre langue est tout à fait dérivée de la latine, elle n'en a emprunté que des mots, elle a adopté la construction des langues septentrionales, avec les articles, les tems, & l'accentuation des Grecs [...]." (30f., Fußnote).

Da waren andere Gelehrte im 18. Jahrhundert schon viel weiter als Paradis, was die Einschätzung der Herkunft des Französischen angeht, wiewohl die Argumente noch nicht auf der Beurteilung wissenschaftlicher Gegebenheiten basierten; das blieb der historisch-vergleichenden Sprachbetrachtung Grimmscher Observanz[71] zu Beginn des 19. Jahrhunderts mit der methodologischen Anwendung auf die romanischen Sprachen durch Friedrich Diez vorbehalten. Immerhin sah man in vorangegangenen Jahrhunderten ein erstes Interesse an der Frage aufblitzen. Infolge der früheren allgemeinen methodologischen Unsicherheit blieb Paradis bei der Beurteilung der Herkunftsfrage noch hinter dem 16. Jahrhundert zurück: im 16. Jahrhundert hatte der Jurist, Historiker und Literat Etienne Pasquier (1529–1615) in seinen ab 1560 in Paris erscheinendem Werk *Des recherches de la France* schon bemerkt, dass das Französische eine Sprache mit latei-

---

[71] Die Methode Jacob GRIMMs in seiner Deutsche Grammatik von 1819 war für die weiteren europäischen Philologien propädeutisch.

nischem Charakter ist, wiewohl er es als eine Mischsprache aus dem Lateinischen, der Sprache der keltischen Urbevölkerung und dem Fränkischen erkannte. Er deutete auch schon richtig die französische Futurumbildung aus dem Lateinischen: *chanterai* < *cantare habeo*. Pasquier sah bereits in Ansätzen einen regelmäßigen Lautwandel beim Übergang vom Lateinischen zum Französischen: selbst den [y]-Laut für lat. [u] fand er im Keltischen begründet: lat. *murum* > frz. *mur*. Auch noch im 16. Jahrhundert wies Joseph Juste Scaliger (1540–1609) in seiner *Diatribe de Europaeorum lingua* von 1599 den Ursprung des Französischen, Spanischen und Italienischen dem Lateinischen zu. Solche Ansätze waren also existent; allein es gab noch zahlreiche andere: es fehlte die wissenschaftlich begründete Basis für ein kritisches Herangehen, die auch im 18. Jahrhundert noch nicht gegeben war, so dass Paradis nicht in der Lage war, zu gültigen Erkenntnissen zu gelangen und er sich lediglich Wortverwandtschaften zunutze machte.

Paradis schließt seine *Réflexions* mit einer Captatio benevolentiae:

> „Je ne saurois mieux finir qu'en me recommandant à la bienveillance de mon lecteur dont j'ai l'honneur d'être avec l'estime & le respect dû à chacun.
>
> *Le très humble & très obéissant serviteur*
> *Le Professeur Paradis de Tavannes,*
> *Lecteur royal en langue & belles-lettres françoises*
> *à l'académie royale militaire de Coppenhague.*
>
> Ce 10 Avril 1763."

Die Leipziger *Neue Zeitungen von Gelehrten Sachen auf das Jahr 1763*[72] berichten über die *Réflexions*:

> „Da die französische Sprache, in unseren Zeiten, so häufig in den Plan der Erziehung hineingezogen wird; ja auch so oft Personen aus der französischen Nation die Erziehung der Kinder anvertrauet zu werden pflegt: so folgert daraus, daß die Erlernung jeder Sprache allerdings einen Einfluß in die Sitten und Wissenschaften habe, und daher mit desto sorgfältigerer Behutsamkeit müsse getrieben werden. Um seiner Seits etwas dazu beyzutragen, und weil auch die gewöhnlichsten Grammatiken, als Pepliers und Curas seine, mancherley Unrichtigkeiten, und andere Fehler bey sich führen, hat er selbst eine unter dem Titel *Grammaire philologique*, geschrieben, in welcher, nächst dem Kern aus den besten französischen Sprachlehren, und einer vorzüglichen Erleichterung des praktischen Theils, zugleich mit darauf gesehen wird, den Verstand der jungen Leute, die sich derselben bedienen, mit den nützlichsten Kenntnissen zu bereichern, und sie, indem sie das Französische Lernen, zugleich die Historie, Mythologie, Moral, u. dgl. m. zu

---

[72] Nr. 83, 17. Oktober 1763, Seiten 657f.

lehren. Der Abriß, den er von dieser Grammatik, und von seiner Methode überhaupt mittheilt, scheinet eine gute und lehrreiche Geschiklichkeit im Unterricht anzuzeigen. Die Anmerkung, welche er über die Verwandtschaft der französischen Sprache mit der griechischen und lateinischen eingestreuet hat, ist auch nicht zu verachten."

Die *Réflexions,* gleichsam als Vorwort zu einem weiteren Werk gedacht, erweitert Paradis zu einem Lehrbuch speziell für die Militärakademie unter dem Titel:

„*Nouveau sistême applicable à toutes les méthodes et pourvu d'un nombre suffisant de thèmes, de dialogues et d'explications dans les deux langues, pour faciliter l'étude de la grammaire, du stile, de la rhétorique et de la poétique françoise: ouvrage théori-pratique en faveur tant des maîtres et des disciples non lettrés que des demoiselles appelées à l'éducation des jeunes-gens de famille, par N.H. Paradis de Tavannes, de l'Académie Royale Militaire de Copenhague, Professeur en Langue et Belles-Lettres Françoises. À l'usage de la Compagnie,* Copenhague & Leipzig: Pierre Albert Pripp, 1765.

Neue Einrichtung so man allerley Sprach-Lehren brauchen kan, und mit einer hinlänglichen Anzahl Uebungen, Gesprächen, Vocabeln, und Erklärungen, in beyden Sprachen versehen, um die Erlernung der Französischen Sprach- Rede- und Dicht-Kunst zu erleichtern: Zum Nutze der unstudierten Sprach-Lehrern und Lernenden; wie auch der Französischen Frauenzimmern, welche die Jugend in vornehmen Häusern unterrichten. Von N.H. Paradis de Tavannes, vor der Königlichen Land-Cadetten-Akademie: Professor in der Französischen Sprache. Zum Gebrauch der Compagnie. Kopenhagen und Leipzig: Pripp, 1765."

Da man in der Kopenhagener Militärakademie deutsch sprach, hat Paradis dieses Werk in deutscher Sprache veröffentlicht. In französischer Sprache liest man die *Préface,* die *Conclusion de la Grammaire* (Seiten 233–239) und den zweiten Teil (Seiten 128–232) mit dem Titel: *Traité de la prononciation soutenue, de la construction poétique et de la versification françoise.* Hier hat Paradis in verdienstvoller Weise seine Poetik von 1757 noch einmal aufgenommen, die in Bibliotheken heute nicht mehr zur Verfügung steht. Diese Wiederaufnahme genügte durchaus einer zeitgenössischen Notwendigkeit, da die Gebildeten allerorten oftmals ihre Gedanken in das Korsett der Metrik schnürten. Selbst Briefe wurden in gebundener Sprache zu Papier gebracht, was bei einer Besichtigung beispielsweise des *Journal de Verdun* ganz deutlich wird. Dort findet man Briefgedichte, gereimte Rätsel und Fabeln. Eine solche Passion bedingte eine gründliche Ausbildung der poetisch Beflissenen. Paradis, selbst ein leichthändiger Poet, dürfte in seiner Pariser Seminarzeit eine gründliche dichterische Bildung in den Gegebenheiten der französischen Sprache genossen haben, so dass er dieses Wissen und seine Erfahrung in einer Verslehre vermitteln konnte.

Aus der Jahrtausende alten Tradition der Poesie leitete Paradis die Erkenntnis ab, dass es das Ziel der Dichtung sei zu gefallen und zu belehren oder das Angenehme mit dem Nützlichen zu verbinden:

> „Le BUT de la poésie est de plaire en instruisant, c'est à dire, en joignant l'utile à l'agréable: c'est à quoi tous les vrais poètes se sont appliqués depuis tant de siècles." (Paradis 1765: 131).

Zum Dichten gehöre aber auch Begabung, die man nicht erwerben könne: man könne sie aber durch Studium weiterbilden. Wenn Paradis im Titel von *Versification* spricht, so ist das für ihn die Lehre von der Technik der Poesie; er definiert:

> „Ainsi la versification n'est autre chose que l'arrangement de silabes, placées selon les règles de l'art; & en cela la versification n'a aucun rapport avec la poésie, dont elle n'est que le mécanisme." (134).

Die Verslehre sei von Sprache zu Sprache verschieden: Griechen wie Römer, aber auch die Deutschen nutzten die Länge und Kürze von Silben. Die Versemechanik der Franzosen sei jener der alten Völker deutlich unterlegen, aber:

> „elle aquiert un fort haut degré de beauté & de perfection, lors que l'on sait manier la lire[73] avec art." (136)

Im Gegensatz zu den „transpositiven", also den synthetischen Sprachen, bei denen die Versfüße auf der Quantität der kurzen und langen Vokale basieren, beruhen die französischen Verse auf der Silbenzählung: die Zahl der Silben in einem Vers bestimmt das Maß. Und hinsichtlich der Reimlehre definiert Paradis das Faktum der weiblichen und männlichen Verse. Die weiblichen Verse enden auf ein *e muet*, während die männlichen auf einen Konsonanten oder einen anderen Vokal als *e* enden. Paradis lehrt, welche Kriterien für die Silbenzählung maßgeblich sind und was die Funktion von Halbversen ist. Im Weiteren definiert er anhand von Beispielen die Begriffe Fabel, Apolog (Lehrfabel), Pastorale, Ekloge, Idylle, Epos, Episode, Drama, Ode, Kantaten, didaktische Poesie, Satiren, Episteln („L'épitre est une lettre en vers adressée à une personne [...]"), Stanzen, Vierzeiler, Sechszeiler, Achtzeiler, Zehnzeiler, Elegie, Zwölfsilber, Epigramm, Epitaph, Verserzählung, Rätsel, Logographe [„Le logographe diffère de l'énigme en ce qu'il coupe, transporte, & combine de plusieurs manières les

---

[73] *la lyre*.

diverses lettres d'un mot, pour en former d'autres mots." (215)][74], Madrigale, Sonette, Rondos, Trioletts.

Zur Verdeutlichung der Theorie verfasste Paradis Beispiele zu den verschiedenen Dichtungskategorien, und er veröffentlichte dabei auch wieder Hommagen an den dänischen König, die er von seinen Kadetten vortragen ließ (Paradis 1765: 179-181; 182-185). Zu der Ode *Au Roi* (S. 179–181) schrieb Paradis eine Fußnote, in der er über sein Dasein anmerkt:

„L'auteur de cette ode, après avoir professé au collège de Berlin, la langue françoise & les belles-lettres, se rendit en cette capitale du Dannemarck avec sa famille le 1e. de 9bre 1761. La première division de l'accadémie royale militaire lui fut confiée, sous la direction de Mr. le Colonel de Gude, en Janvier 1762, & les deux autres au mois de 9bre de la même année, après le décès de Mr. Weuillemin, dont il fut le successeur. Après avoir subi une année d'épreuve, il reçut augmentation d'appointemens au mois de Mai 1764, & tout fut fini le 26e d'Aout de la meme année, lors qu'il publioit cet ouvrage à l'usage de la compagnie, dépourvue de méthodes raisonnables, comme le sont tous ceux qui s'appliquent à l'étude de la langue françoise. Ce sont les Cadets qui parlent dans cette ode." (179f)

Was nun den *Nouveau systême* angeht, von dem die *Versification* im Anbetracht der Rolle, die das Reimen im 18. Jahrhundert spielte, einen beträchtlichen Teil ausmachte, so ging Paradis davon aus, dass jede Nation und jeder einzelne Schüler in Abhängigkeit von den Voraussetzungen eine besondere Methode benötigen, die Geist, Fähigkeit und Intelligenz berücksichtigt. Er betonte (S. 233):

„Il faut pour chaque nation, ce ne seroit pas trop dire pour chaque disciple, une méthode particulière, qui lui est propre, qui convienne à son génie, à sa capacité, & à l'intelligence, plus ou moins grande, dont chaque écolier est doué."

Die Jugendlichen teilt Paradis in vier Klassen ein: 1. die Anfänger, die von der zu lernenden Sprache noch gar nichts wissen; 2. die Anfänger, die schon Latein gelernt haben; 3. die Fortgeschrittenen, die schon passabel sprechen und einen Autoren lesen können; 4. jene, die schon einen Aufsatz schreiben und eine Übersetzung anfertigen können. Für den absoluten Anfänger, der mit diesem Lehrbuch ins Französische eingeführt werden soll, empfiehlt Paradis zudem den *Abrégé de toutes les sciences à l'usage des adolescens* von Jean Henri Samuel Formey, dem Beständigen Sekretar der Berliner Akademie der Wissenschaften,

---

[74] Ein Logogriph ist ein Buchstabenrätsel, bei dem ein neues Wort erzeugt wird, indem man in einem Wort einen Buchstaben ändert, zufügt oder entfernt.

aus dem Jahre 1764ff (8 Bände).[75] Ferner empfiehlt Paradis die Grammatik von Madame La Roche, die gerade in der 25. Auflage in Leipzig (1764) unter folgendem Titel erschienen war:

> „*Nouvelle méthode pour traiter la grammaire françoise: Das ist: Neue Methode die Französische Grammatic zu tractiren, darinnen kurz und deutlich Die nöthigen Principia dieser Sprache, absonderlich aber ein Handgriff, die Pronomina und Conjugationes ohne Beschwerung des Gedächtnisses zu erlernen, gewiesen wird, Mit dem Probierstein, oder der Kunst die Zunge aufzulösen.*"

Der *Probierstein* war ursprünglich ein eigenständiges Werk unter dem Titel *La pierre de touche, Ou le secret de Délier la Langue, Par le moyen de certains Entretiens courts, faciles & galans, Divisés en trois Parties*, das der *Nouvelle Méthode* angehängt wurde. Paradis' Empfehlung gründet sich auf die Vielzahl von Dialogen darin. Für die Fortgeschritteneren rät Paradis auch zusätzlich zu der gerade erneut erschienenen Grammatik von Pierre Restaut (1696-1764), *Abrégé des principes de la grammaire françoise, nouvelle édition augmentée des Principes généraux de l'orthographe françoise* (Paris 1762). Restaut wendete das pädagogische Dialogprinzip an, das schon im 16. Jahrhundert aufgekommen war: man denke an Pierre de La Ramée (1515–1572) und dessen *Grammaire françoise* von 1562.

Den Schülern der dritten Gruppe legt Paradis überdies die Grammatik von Pierre de La Touche, *L'art de bien parler françois*, ans Herz, die gerade in siebenter Auflage in Amsterdam und Leipzig im Jahre 1760 wieder erschienen war. Die vierte Gruppe, die sich der Übersetzung und dem Aufsatz widmet, solle stilbildend anhand des *Télémaque* geschult werden. Mit Hilfe von Girards Synonymik[76] und von Richelets Wörterbuch[77] werde der Briefstil gefördert. Letztlich liege es jedoch an den Fähigkeiten des Lehrers und seiner Erfahrung, um die Schüler, bei denen für jede Gruppe ein halbes Jahr angesetzt ist, innerhalb von zwei Jahren zum Ziel zu bringen,

---

[75] Joseph Marie QUÉRARD (1797–1865), La France littéraire, Paris 1827, nennt das Erscheinungsjahr 1757ff.

[76] Abbé Gabriel GIRARD (1677–1748), Synonymes François, leurs différentes significations, & le choix qu'il en faut faire pour parler avec justesse, Francfort: Kessler, 1762.

[77] Pierre RICHELET (1697–1767), Dictionnaire de la langue françoise, ancienne et moderne, 3 tomes, Lyon: Bruyset-Ponthus, 1759.

„pourvu qu'on soit guidé par un maître habile, versé dans l'art d'enseigner, & possédant les talens nécessaires pour bien s'acquitter d'un tel emploi." (238)

Für das Werk wählte Paradis den Titel *Nouveau Systême*, um auszudrücken, dass er bewusst für die Beschreibung der französischen Grammatik einen anderen Weg als den traditionellen einschlagen wollte, der den Bau der französischen Sprache in Konfrontation mit dem des Lateinischen darstellte. Die Loslösung der tradierten französischen Grammatikographie vom lateinischen Grammatikparadigma, d.h. die Emanzipation der französischen Grammatik von der Konfrontation mit dem Lateinischen, bedeutete die eigenständige Betrachtung der französischen Grammatik und deren autarke Deskription. In dieser Optik und auch Dynamik erwies sich Paradis als ein Wegbereiter. Es kam also nicht mehr darauf an, beispielsweise das klassisch lateinische Konjugationssystem anzusetzen und als Beschreibungsmuster für die französische Konjugation zu verwenden.[78] Was die traditionelle Grammatikographie erschwerte, war die Tatsache, dass man eine analytische Sprache mit einer synthetischen beschreiben musste. Analytische Tendenzen traten im Lateinischen bekanntlich erst mit der weiteren Entwicklung des Vulgärlateinischen auf.

Insofern grenzte Paradis sich explizit von der Grammatik des Abbé Girard[79] aus dem Jahre 1747 ab. Mit dem Herausdrängen des Lateinischen und der lateinischen Terminologie aus der Beschreibung des Französischen begründete Paradis die Notwendigkeit einer Reform („la nécessité d'une bonne réforme" [*Préface*]). Da die Adressaten der neuen Grammatik Sprachanfänger sind, will Paradis eine konzise Grammatik, gleichsam einen *Abrégé* verfassen. An das Ende des Vorworts setzt der Autor eine positive Beurteilung seiner Leistung als Lehrer und Autor in lateinischer Sprache durch den klassischen Philologen und Direktor des Gymnasiums zum Grauen Kloster, Johann Jakob Wippel.

---

[78] In dieser Frage war ihm BEAUREGARD 1759 schon vorausgegangen, der das französische Verbalsystem erschöpfend darstellte.

[79] Gabriel GIRARD, Les vrais principes de la langue françoise: ou la parole reduite en methode, conformement aux loix de l'usage. Amsterdam 1747. Girard galt zu seiner Zeit als der bedeutendste „grammairien-philosophe"; seine Synonymik fand großen Beifall, während den Principes die Anerkennung versagt blieb. Wissenschaftsgeschichtlich bedeutsam sind darin allerdings die sprachtypologischen Einlassungen, die in der historischen und historisch-vergleichenden Sprachbetrachtung des 19. Jahrhunderts aufgegriffen und weitergeführt wurden.

Der unpaginierten *Préface* lässt Paradis eine unpaginierte *Einleitung in eine algemeine Sprach=Kunst* folgen, in der zunächst Grundbegriffe der Grammatik in deutscher Sprache geklärt werden. Diese *Einleitung* ist in deutscher Sprache abgefasst, ohne dass, wenn wir davon ausgehen, dass Paradis sie in französischer Sprache geschrieben hat, wir den Namen des Übersetzers kennen.[80] Paradis' Kenntnisse des Deutschen wie auch des Dänischen dürften zunächst eher rudimentär gewesen sein, denn für ihn bestand über das sprachwissenschaftliche Interesse hinaus für die Kommunikation kein Anlaß, Fremdsprachen gründlich zu lernen, denn das Französische galt als die Universalsprache der Zeit. Allerdings bekennt Paradis:

> „Die Kenntniß, welche ich nach und nach von der teutschen Sprache erlanget habe, hat mich in den Stand gesetzt die Uebereinstimmung, so sie mit der Französischen hat, und die Gränzen ihrer gegenseitigen Harmonie einzusehen." (Paradis 1765: 96).

Paradis hebt erneut die Notwendigkeit heraus, sich von der lateinischen Grammatik und deren Imitation abzugrenzen:

> „Die Lateiner haben die Zeit ihrer Zeitwörter auf Lateinisch benant, folglich müsten die Franzosen auch dasselbige thun; denn man hat bis dato die Latinität in allen Stücken nachgeahmet, und diese ‚grammatische Ketzerey', wenn ich diesen Missbrauch so nennen darf, hat eine unzähliche Menge Schwierigkeiten verursacht, und kein Gutes gestiftet; daher sind auch einige artige, ob gleich unbegreifliche Kunstwörter entstanden, als die ‚unvollkommen vergangene Zeit', *(plusqueparfait)* und dergleichen mehr, wie die ‚wünschende Art', *(optatif)* die ‚verbindende Art', *(conjonctif)* die *Gerundia*, und *Supina* nicht zu vergessen, dergleichen Künstliche Wörter habe ich nicht gebraucht, weil sie würklich niemand verstehen würde, wenn man sie aber nicht entbehren kann, denn die Gewohnheit ist eine andere Natur, so werde ich sie künftig an ihrer Stelle setzen, so ferne man mir gründlich erklären will, was eine ‚unvollkommene', eine ‚jüngst', eine ‚längst vergangene Zeit', ein *Gerundium*, ein *Supinum*, und dergleichen, auf Französisch eigentlich sey." (§ 29)

Als Leseübung gibt Paradis den Anfängern eine Vielzahl von unterschiedlichen Gedichten an die Hand, die er augenscheinlich selbst verfasst hat. Überdies

---

[80] Diese Aussage kann allerdings eingeschränkt werden, denn in dem Kapitel „Dialogues divers" (Seiten 108–127) schreibt Paradis in einer Fußnote (Seite 108): „Traduit en allemand par Mr. M.G. Scharffenberg." Da das Buch auch in Leipzig verlegt wurde, kommt hier möglicherweise der Philosophiehistoriker und Magister legens der Leipziger Universität, Johann Gottfried SCHARFENBERG (geboren am 16. Oktober 1743 in Leipzig), in Frage: ein anderer Scharf(f)enberg konnte in der biographischen Literatur nicht nachgewiesen werden. Was das *M* bei den Vornamen angeht, liegt vielleicht ein Versehen des Setzers vor: in Paradis' Absicht sollte es möglicherweise die Abkürzung für *Monsieur* sein.

macht der Verfasser Bemerkungen zur Wortforschung: „étymologie"; darunter versteht er Morphologie, Zusammensetzung und Herleitung von Wörtern. In diesem Sinn fügt Paradis das nächste Kapitel an, einen *Traité de l'analogie et de l'étymologie* (Seiten 67–95). Die einzelnen morphologischen Erscheinungen lässt der Verfasser durch Übungen trainieren. Und schließlich folgt ein kurzer *Traité de la concordance, des rapports, et de la construction naturelle* (Seiten 97–107), in dem Paradis die Konkordanzregeln des Französischen ausbreitet.

Das Kapitel der *Dialogues divers* befasst sich mit Fragen des zwischenmenschlichen Umgangs und behandelt Höflichkeitsformen und Komplimente, aber auch kritikwürdige menschliche Schwächen.

Paradis setzte seine Neigung zum Dialogisieren gleichermaßen beim Verfassen von Theaterstücken ein, wie wir schon gelegentlich der Berliner Schüleraufführungen gesehen haben. Die wenigen ihm in Kopenhagen auferlegten wöchentlichen Unterrichtsstunden ließen ihm die Muße, nicht nur den umfangreichen *Nouveau Systême* zu schreiben – was ihm für seine berufliche Tätigkeit auch als Notwendigkeit erschien –, sondern sich auch wieder dem Drama zuzuwenden. Wie den *Nouveau Systême* ließ er im Jahre 1763 ein Werk in Kopenhagen und Leipzig erscheinen. Das Titelblatt weist aus:

„*Le Naufrage ou le Royaume de la Lune*, OPÉRA COMIQUE,
Par Monsieur le Professeur PARADIS DE TAVANNES
A COPPENHAGUE & LEIPZIG 1763."

Dieses 133 Seiten umfassende Opus existiert heute augenscheinlich nur noch in der Pariser Bibliothèque Nationale de France, die freundlicherweise und dankenswerterweise eine Kopie des Werks zugeschickt hat. Es ist eingebunden in einen Band mit drei weiteren *Opéras-Comiques* von anderen Verfassern, bei denen die Titelblätter ausweisen, an welchem Tag die Premieren stattfanden. Diese Zeitangabe fehlt beim *Naufrage*, womit wir schließen können, dass es nie zu einer Aufführung gekommen ist.

Zu dem Begriff der *Opéra comique* wird ein kleiner Exkurs nötig. Paradis übrigens bezeichnet an anderer Stelle (Paradis 1765: 158) dieses Werk als *opérette*. Der *Petit Robert* von 1970 definiert den Begriff *opérette* als „Petit opéra-comique dont le sujet et le style, légers et faciles, sont empruntés à la comédie". In der ersten Hälfte des 18. Jahrhunderts war der *Opéra-Comique* sehr *en vogue* und beliebt und diente als Konkurrenzunternehmen zu italienischen Kompagnien. Als Datum für das erste Auftreten des Wortes weist Robert das Jahr 1715 aus. Ursprünglich war diese Operngattung in Paris ein Jahrmarktsereignis (*Vaudevilles*) mit Opernparodien und Pantomimen, in dem sich Gesang mit gesprochenem Wort abwechselte; man kannte also keine verbindenden Rezitative. Unter soziologischem Gesichtspunkt fand sich der *Opéra-Comique* im Gegensatz zur *Opera seria*, die sich mit ihrer Handlung in adligem Milieu bewegte, im (klein)bürgerlichen Ambiente angesiedelt. Um dem Geruch des Jahrmarktlichen zu entgehen, baute man in Paris schließlich eigens den *Théâtre de l'Opéra Comique*, der im Jahre 1783 eröffnet wurde (*salle Favart*). Unter dem Namen des *Opéra-Comique* hatten sich zwei Theatertruppen zusammengeschlossen, als 1714 ein Gesangsverbot auf Märkten verfügt worden war. Die Truppe trat dann als *Théâtre de l'Opéra-Comique* in unterschiedlichen Räumlichkeiten auf.

Die Inhalte dieser Vaudevilles mussten nicht zwangsläufig Komödien sein, vielmehr verströmten sie oft eine Rührseligkeit *in extremo*. Charakteristisch war – und darin erweist sich Paradis als typischer Autor –, dass die Gesangsnummern zum einen gängige Melodien mit bekannten oder neuen Texten, zum anderen Kunstlieder verwendeten. Im Libretto werden diese Lieder nur als kursiv gesetzter Incipit angegeben. Jeder Darsteller wusste offenbar dann, welches Lied gemeint war, denn sie waren in der Regel sehr bekannt und wurden in den unzähligen Vaudevilles mit unterschiedlichen Texten immer wieder vorgetragen. Zu den anspruchsvolleren Liedern zählen wir bei Paradis zum Beispiel ein Lied mit dem Titel „Ich schlief, da träumte mir" von Johann Joachim Quantz (1697–1773), dem Flötenlehrer von Friedrich dem Großen, das er für Flöte und Continuo komponiert hatte. Oder die Kantate für Oboe, Violine, Viola und Continuo von Johann Sebastian Bach (1685–1750) „Ich bin vergnügt [mit meinem Glücke]". Auch die Vertonung von Gotthold Ephraim Lessings (1729–1881) Gedicht „Kleine Schöne, küsse mich" durch Carl Philipp Emanuel Bach (1714–1788), ebenso wie Bachs Vertonung des Lessingschen Gedichts „Die Biene". Oder „Dans ma cabane obscure", Musik und Libretto von Jean-Jacques Rousseau aus dessen *Le Devin du Village* von 1752. Aus dem gleichen Stück Rousseaus: „Quand on sait aimer et plaire". Von dem berühmtesten Vaudeville-Autoren Alexis Piron (1689–1773) „Je reviendrai demain au soir" aus dessen *Le Fâ-*

cheux Veuvage von 1725. Oder „Maudit amour, raison sévère" aus *Le Peintre amoureux de son modèle* (1757) des in Paris lebenden neapolitanischen Komponisten Egidio Romualdo Duni (1709–1775). Man findet auch Carl Philipp Emanuel Bachs Vertonung von „Serin, der hochberühmte Mann" aus dem Jahre 1757. Offenbar war C.P.E. Bach ein von Paradis bevorzugter Komponist, dessen Musik er mit neuem Text unterlegte, so auch bei „Freund! Die Tugend ist kein leerer Name" von 1761/62 ebenso wie bei „Sie fliehet fort! Es ist um mich geschehen!" von Ewald Christian von Kleist (1715–1759) aus den Jahren 1750/53 und bei Lessings Gedicht „Ein Küsschen, das ein Kind mir schenket". Paradis unterlegte überdies zahlreiche bekannte französische Volkslieder und Melodien. Das Besondere allerdings bestand darin, dass er – bedingt durch seine Aufenthalte in Berlin und Kopenhagen – auch deutsche und dänische Melodien singen lassen wollte, die man jedoch in Frankreich kaum gekannt haben dürfte. In diesem letzteren Faktum sehen wir den Grund dafür, dass dieser *Opéra-Comique* von der französischen Truppe nicht aufgeführt wurde.

Es war ein Trend der Zeit, eine Handlung dadurch interessant zu machen, dass man sie in einem exotischen Land und dazu noch auf einer Insel ansiedelte.

„Cette île indolente & oisive
Est pleine d'habitans sans mœurs
La débauche la plus lascive
Y prend racine dans les mœurs." (Seite 38)

Die Handlung, wie banal sie auch sein mochte, wurde von den aus dem Vaudeville bekannten und beliebten Personen getragen: Arlequin, Scaramouche, Pierrot, Lisette, Périne, Polichinelle, Colombine, Scanarelle u.a. und entsprach augenscheinlich dem Geschmack des Publikums, da sie sich an die Regeln und Gewohnheiten hielt. Einer der berühmtesten Autoren des Vaudeville war Alain René Lesage (1668–1747), dessen Stück von 1713 *Arlequin, roi de Serendib* in der Anlage dem Paradis-Stück ähnlich war (Exotik, Insel, Schiffbruch).

Am 28. August 1764 verließ Paradis de Tavannes urplötzlich Kopenhagen – als Begründung wird er später vorbringen, dass er militärischen Reformen zum Opfer gefallen sei. Tatsächlich aber geriet er in Konflikt mit von Gudes Nachfolger, dem Obristleutnant Johann Frederik von Maas (1713–1790), der sein Amt am 7. März 1764 angetreten hatte und ein „tumultuarische[s] Verfahren" pflegte, augenscheinlich seine Untergebenen schikanierte; und von Maas schlug vor, ab 1. September 1764 den Schriftsteller und Professor Nicolai Jacob Andreas Yanssens des Campeaux (1732–1795)[81] als Nachfolger von Paradis einzustellen, was von den vorgesetzten Dienststellen genehmigt wurde. Paradis selbst erhielt vom Minister Bernstorff einen am 3. Oktober 1766 datierten *Salvus conductus*, einen Schutzbrief[82] und eine Beurteilung seiner Leistung.

Vier Jahre später verfasste Paradis eine Schrift zur Erziehung und Bildung von Jugendlichen, bei der er die Schulmöglichkeiten oder -gegebenheiten behandelte, auch das Thema der Militärschulen besprach und dabei von seinen eigenen, offenbar negativen Erfahrungen in einem geistesfernen Milieu profitieren konnte, wie er es auch schon bei der Kritik am Klosterschulsystem verdeutlicht hatte. Wir lesen (Paradis: 1768: 69, Fußnote):

> „Les armes n'excluent pas les lettres; mais il est rare de trouver parmi les militaires de nos jours des Xénophons, c'est-à-dire des gens qui sachent aussi bien manier la plume que l'épée. Sans toucher ici au mérite particulier d'aucune de ces sortes d'académies, je remarquerai que s'il ne s'agit, pour former un bon officier, que d'abrutir un jeune homme par des brutalités grossières, le rendre servilement soumis à force de châtimens dictés par une colère outrageante, le laisser manquer de tout par un principe d'avarice, le surcharger d'exercices & de leçons pour en imposer au public, & lui faire sa cour aux dépens d'un prédécesseur plus raisonnable; s'il ne faut que cela pour faire de grands hommes, il y a apparence que nous n'en manquerons pas de sitôt."

Als Paradis über die 180°-Wende in der Akademieleitung nachdenkt, sieht er die Ursachen im Subjektiven des Verantwortlichen, in dessen Eigenliebe, der nur das für gut befindet, was er selbst eingeleitet hat und der nichts anderes gelten läßt. So schreibt Paradis (1768: 137, Fußnote):

> „Chacun aime la gloire & y aspire de quelque façon que ce soit. L'amour-propre nous aveugle à tel point, que tout ce qui vient de nous nous paraît seul digne de louange. Cette manie est plus connue dans les colèges & dans les accadémies qu'ailleurs. Dès que le chef d'une accadémie est remplacé par un autre, on voit d'abord celui-ci renver-

---

[81] Nicolas Jacques André Yanssens des Campeaux verfasste auch Lehrbücher: Cours théori-pratique de langue françoise. Eller overses-bog over alle talens dele, til at forklare begyndelsesgrundene i det franske sprog efter de tvende tabeller; tilligemed en samling af franske og danske laererige og stykker […], Kiobenhavn : Trykt hos M. Hallager, 1785. Les elemens de la langue danoise. Avec un Abrege des curiosites de la ville de Copenhague et des environs de cette capitale : En danois et en françois, A Copenhague : De l'imprimerie de Chretien Frederic Holm, 1787.

[82] Dieser Brief ließ sich weder im Kopenhagener Rigsarkivet noch in einem anderen Archiv auffinden.

ser tout ce qu'a fait son prédécesseur, & souvent substituer du clincan à de l'or. Pourquoi?"

Paradis reiste zunächst Richtung Verdun in einer Erbschaftsangelegenheit, denn sein Vater war kurz zuvor verstorben. Zudem versuchte er, in Frankreich eine Anstellung zu finden, was aber wahrscheinlich wegen seiner Konfession kaum möglich war.[83] Er hatte sich um die Stelle eines Regenten beim Collegium in Verdun beworben, wo er Latein zu unterrichten gedachte.

Aber die Zeit des Aufenthalts in Verdun und die Zeit danach dürfte Paradis auch für die Vorbereitung eines Nachschlags zu dem Kopenhagener Menü und den aktuellen Entwicklungen genutzt haben. Ehrencron-Müller[84] (1939: 159) erwähnt, dass Paradis noch ein weiteres Werk mit dem Titel *La fête de l'amour* verfasst habe. Das genannte Erscheinungsdatum, nämlich 1765, erweist sich allerdings als falsch. Das einzige weltweit noch nachweisbare Exemplar befindet sich in der Universitätsbibliothek Halle und weist das Jahr 1769 aus. Zudem ist das Werk anonym erschienen. Aus gutem Grund...

Paradis war nach seinem Weggang aus Kopenhagen, wo er eine für sein Wirken eigentlich gute Zeit erlebt hatte, der Stadt und dem Land durchaus verbunden geblieben, so dass er sich für deren Belange weiterhin interessierte. König Friedrich V. war am 14. Januar 1766 verstorben; dessen Sohn Christian (1749–1808) war als Christian VII. nun schon im Alter von siebzehn Jahren dänischer König. Christian wuchs in einem lieblosen Elternhaus auf; erzogen wurde er von dem brutalen Grafen Detlev von Reventlow (1712–1783), der den Jungen mit Stockhieben gezüchtigt hatte. Christian war geistig zurückgeblieben, schwachsinnig, schizophren, sexbesessen, körperlich zerbrechlich, kleinwüchsig, unberechenbar in seinen Wutausbrüchen; er machte in einer Jungenbande Kopenhagen unsicher, verwüstete Geschäfte und Bordelle, schlug mit einem mittelalterlichen Morgenstern auf Passanten ein. Für diesen schwachsinnigen Prinzen war 1765 aus politischen Gründen beschlossen worden, dass er die 13-jährige engli-

---

[83] Der Paradis bekannte Hanauer Regimentsrat LEDDERHOSE wird am 21. Oktober 1766 dazu bemerken: Paradis „befürchte zugleich und mit Recht, dass er zu Verdun seiner Religion halber, ohngeachtet er bey der Schule eigentlich nur die lateinische Sprache zu lehren habe, vieles, so wohl für sich, als auch für seine Familie werde auszustehen haben." (Institut für Stadtgeschichte Frankfurt am Main, Signatur: Rats-Suppl. 1766 IV, fol. 218–221).
[84] Der Däne Holger EHRENCRON-MÜLLER (1868–1953) wirkte als Historiker und als Bibliothekar in der Bibliotheca Danica.

sche Prinzessin Caroline Mathilde (1751–1775), eine blühende junge Frau, heiraten sollte, eine Hochzeit, die im November 1766 auch durchgeführt wurde. Christian vollzog zunächst die Ehe nicht, ging vielmehr seinen Vergnügungen bei den Kopenhagener Huren nach, verschmähte aber auch nicht seine homophilen Neigungen. Auf jeden Fall war ihm seine angetraute Frau sehr unsympathisch, mit der er im Jahre 1768 den Thronfolger Friedrich VI. zur Welt brachte, der infolge des zunehmenden väterlichen Schwachsinns im Jahre 1784 als Sechzehnjähriger die Regierung als Kronprinzenregent übernahm.

Diese Vorbemerkungen waren nötig, um das Theaterspiel *La Fête de l'Amour. Divertissement allégorique en un acte* von Nicolas Hyacinthe Paradis verstehen zu können, dessen überbordende allegorische Handlung im Vorfeld der dänischen Hochzeit von 1766 angesiedelt ist.

Hymen, die Göttin der Hochzeit in der griechischen Mythologie, hat in den schönsten Park Kopenhagens – als der schönste gilt der Garten des Schlosses Rosenborg – eine Reihe von Göttern des Olymp zur bevorstehenden Hochzeit am 8. November 1766 eingeladen: im Park findet man die Göttin Flora, die Göttin der Blumen, auch Zephyros, den Gott des Windes, der mit Flora verheiratet ist. Vom Olymp steigen der Gott des Vergnügens, Le Plaisir, und Amor, l'Amour, herab. Apollo, der Gott der Poesie, ist auch zum Fest erschienen. Schließlich sehen wir noch La Folie, die Göttin der Verrücktheit, deren ärgster Feind (auch bei den Göttern) la Raison ist. La Folie wurde allerdings von Hymen nicht eingeladen und beklagt sich zynisch (Seite 39):

> „L'Hymen m'a fait l'impertinence de ne pas m'inviter, & il a tort, car il doit savoir que priée, ou non, je sai m'introduire partout."

Den seinen ausschweifenden Leidenschaften fröhnenden König Christian VII. ließ Paradis durch Le Plaisir und La Folie, die Göttin der Verführung und Verrücktheit, verkörpern. Plaisir befürchtet, sich bei der Hochzeit zu langweilen und will nur noch weg. Eine Heirat ist für Plaisir das Langweiligste, was es gibt. Und nach der Hochzeit ist *le plaisir* auf und davon:

> „tant que les mortels sont amans, tu leur tiens fidele compagnie, deviennent-ils époux, tu leur échapes le landemain de la nôce." (Seite 6).

Plaisir mag Hymen grundsätzlich nicht und ergeht sich in dieser Bemerkung (Seite 13): „Il n'est jamais plus aimable que quand il dort." Und dann gibt es da noch Hebe, die Göttin der Jugend, die ohne Zweifel die schöne Frau an sich verkörpert. Auch Plaisir ist von der jungen Göttin verzaubert; beide wollen sich zusammentun, um am dänischen Hof zu leben. Plaisir schwärmt von der Jugend (Seite 56):

> „Je n'existerai que pour vous aimer, sensible à mes attentions, toûjours plus touchée de ma constance, nous communiquerons notre félicité à tout ce qui nous environnera, & nous verrons de siècle en siècle, tout l'univers célébrer le jour fortuné de notre union. On dira par tout & dans tous les tems, La Jeunesse a dû seule fixer le Plaisir; le Plaisir méritoit seul de posséder la Jeunesse."

Hebe fühlt sich ob dieser Worte geschmeichelt, pflegt aber ihre Bedenken, weil sich Plaisir so gar nicht mit Hymen versteht. Zwischen den widerstreitenden Parteien trachtet l'Amour zu vermitteln. Plaisir fühlt sich gedrängt zu heiraten und soll der Vernunft, Raison, Raum gewähren. Die Vernunftfeindseligkeit von Plaisir lässt ihn schnell zum Rückzug blasen: „La Raison! Voilà qui est fait, j'aime mieux rester garçon." (Seite 78). Der listige Plaisir zu Hebe: „Au moins, nous ne nous quitterons pas." (Seite 79).

Und da gibt es noch La Folie, die Steigerung von Plaisir: Sie wird vom Schicksal (Destin) für hundert Jahre aus Hymens Bereich verbannt. Es wird eine Liste mit Namen vorgelegt, denen sich Folie noch nähern darf:

> „les avares, les prodigues, les vieilles Coquettes, les tuteurs amoureux, les jeunes filles qui veulent absolument se marier sans le secours de l'Hymen." (Seite 80)

Folie, sehr zufrieden, jubelt: „Oh! Je suis toute consolée de mon exil, il me reste encore assez d'ouvrage." (Seite 80). Bei diesem Stand der Dinge bekennt Folie: „je ne crois pas que j'eusse jamais pû m'accoutumer à la Cour de Dannemarc." Ob das vom Autor nicht doch zynisch und spöttisch gemeint war? Man kannte immerhin die Eskapaden des Königs und seine Neigungen zu anderen Geschöpfen, nicht aber zu seiner Ehefrau. Es heißt, dass erst sein Hauslehrer ihn nach einigen Monaten darauf aufmerksam machte, die Ehe zu vollziehen. Im Jahre 1768 kam der Thronfolger, der künftige Friedrich VI., zur Welt. Der König aber ging auf Reisen, begleitet von seinem Arzt Johann Friedrich Struensee (1737–1772), der es verstand, das Vertrauen des Königs und der Königin zu gewinnen und mit der von ihrem Ehemann vernachlässigten Mathilde eine Tochter zu zeugen. Struensee wurde 1771 Kabinettsminister und schuf sich mit seiner fortschrittlichen Gesetzgebung viele Feinde, woraus sich eine Intrige ergab, in deren

Gefolge der schwachsinnige König Struensees Todesurteil unbewusst unterschrieb.

Kennt man die Verhältnisse am dänischen Hof, mussten die folgenden Worte, die Plaisir an Hymen richtete, reichlich zynisch wirken (Seite 89):

„Que rien ne trouble désormais notre heureuse Intelligence. Nous allons orner une Cour brillante ... un jeune Prince, qui par les rares qualités qui le distinguent, a sû se concilier l'estime, l'admiration & l'amour des nations les plus opposées. Une jeune Princesse en faveur de laquelle les Dieux semblent avoir épuisés tous leurs dons, notre sort ne sautoit être plus beau. Hymen, Amour, Hébé, que tout célèbre notre réunion, méritons le bonheur dont nous allons jouir, en assurant celui du Couple fortuné qui va vivre sous notre Empire."

Auch das Volk in Gestalt einiger Bauern tritt zum Jubeln an und das in einem „Küchenfranzösisch", dessen Grammatik von einem anderen Stern zu sein schien. In der Zeit der Physiokratie will es nicht einleuchten, warum Paradis zu solchem Mittel griff, die vermeintliche Ungebildetheit des Bauernstandes vorzuführen.

Der *Divertissement allégorique* findet sein Ende in einem Loblied auf die Liebe, auf Amor und in einem ausgedehnten Tanzvergnügen.

Im Zeitalter des Barock stellte die Allegorie in der Dichtung eine häufig angewendete Verfahrensweise dar, in der das Dargestellte und das tatsächlich Gemeinte auf die besondere gedankliche Verarbeitung beim Publikum angewiesen war. Die Inkarnation eines Vorgangs oder eines Tatbestandes in einer Person oder hier in einigen Göttern bildete den Mittelpunkt einer Allegorie. Paradis ging davon aus, dass seine allegorisch vorgetragene Kritik am König wohl verstanden wurde, aber auch negative Konsequenzen nach sich gezogen hätte, wäre der Name des Autors auf dem Titelblatt erschienen. Es gibt Beschreibungen der Kopenhagener Theaterszene mit exakten Angaben der Vorstellungen. *La Fête de l'Amour* fehlt darin. Das heißt, man hatte es nicht gewagt, das Stück aufzuführen. Es ist auch bezeichnend, dass nicht einmal am Druckort, in Dänemark, geschweige denn weltweit, ein Exemplar des Opus zu finden ist. Möglicherweise wurde, nachdem die Häresie oder Brisanz des Stückes erkannt worden war, die ganze Auflage eingestampft. Es ist ein glücklicher Zufall, dass sich wenigstens in Halle an der Saale ein Exemplar erhalten hat.

4. Die Frankfurter Zeit

Offensichtlich gestaltete sich der dem Kopenhagen-Erlebnis folgende Frankreichaufenthalt wirtschaftlich erfolglos, so dass sich in Paradis die Neigung ausprägte, in das Land erster Erfolge zurückzukehren – in deutsche Lande. Die notorische Not in der preußischen Metropole in Rechnung stellend, nahm Paradis ein anderes Ziel ins Visier, nämlich die Main-Metropole Frankfurt, deren zentrales religiöses Engagement dem von Paradis erwählten Luthertum entsprach und von der er sich erhoffte, eine neue Lebensgrundlage zu finden oder aufzubauen. Vielleicht berücksichtigte Paradis nicht, dass Frankfurt im Siebenjährigen Krieg unter französischer Besatzung zu leiden glaubte, so dass die aktuellen Frankfurter Autoritäten gewisse Vorbehalte gegenüber Franzosen pflegten. In diesen Jahren wurde der Stadtrat von der städtischen Oberschicht, den lutherischen Patriziern kontrolliert. Wollte sich Paradis in Frankfurt niederlassen, kam für ihn eigentlich nur das sogenannte Beisassenrecht in Frage: Beisassen sind Niedergelassene in einem Ort, sogenannte Schutzbürger, die in diesem Ort wohnten, ohne das Bürgerrecht zu haben, aber dem Wohl und Wehe der Autoritäten ausgesetzt waren und natürlich Steuern zu zahlen hatten. Hilfsweise stellte Paradis einen Antrag auf eine befristete Aufenthaltsgenehmigung.

Wie aber kam Paradis überhaupt darauf, einen Aufenthalt in Frankfurt anzustreben? Er erinnerte sich daran, dass er in Kopenhagen den Hanauer Regierungs- und Konsistorialrat Christian Bernhard Ledderhose (1726–1780) kennengelernt hatte. Dieser mochte ihm empfohlen haben, nach Hessen zu gehen. Dabei kam aber wohl nur die Stadt Frankfurt wegen ihrer hohen Bevölkerungsdichte in Frage: Frankfurt hatte im Jahre 1766 circa 32 000 Einwohner, so dass sich Paradis versprach, mit seinem Lehrangebot gerade in bürgerlichen Kreisen eher Erfolg zu haben.

Also reiste er zur Sondierung der Lage nach Frankfurt und richtete am 25. Oktober 1766 an den Magistrat den folgenden Antrag[85]:

---

[85] Institut für Stadtgeschichte Frankfurt am Main, Signatur: Rats-Suppl. 1766 IV (25. oct. 1766.), Bl. 141–142.

„A Messieurs
Messieurs les Bourguemaîtres, Conseillers et Sénateurs qui composent le Magistrat, le Conseil et le Senat de la ville libre impériale de Francfort Sur Mein

à Francfort

[Bl. 141r]
[Praes: d. 25 oct. 1766.]

Messieurs.

Je suis non seulement muni d'excellens témoignages, et de fortes recommendations à des personnes tres respectables de la communion évangélique, mais je suis encor en état de prouver par les documens dont je suis pourvu, et par toutes les recherches qui pourroient être faites à mon égard, que j'ai mené partout où j'ai été une vie irréprochable, et que je me suis aquis quelque réputation dans l'art d'elever la jeunesse soit en qualité de maître de langue françoise, soit sous le titre de maître de pension, soit enfin comme professeur en belles lettres françoises, qui sont les divers emplois que j'ai successivement remplis jusqu'ici.

Les fureurs de la guerre m'aiant contraint de quitter avec ma famille la ville de Berlin, où je professois la langue et les belles lettres françoises au collège luthérien, je me rendis à Copenhague où j'eus l'honneur d'être fait professeur en langue françoise à l'académie royale militaire dont les élèves sont aussi Luthériens; mais une réforme presque générale dans l'armée aiant extrêmement affaibli cette institution militaire, que j'ai eu avec onze autres tant maîtres que professeurs, le malheur d'être au nombre de ceux qu'on réforma. [141v] Ce fut dans ces circonstances, Messieurs, qu'on m'avoit offert à Verdun sur Meuse en Lorraine la place de Régent dans le collège de la dite ville: mais je ne me déterminai néanmoins à quitter Copenhague, où j'ai laissé ma femme et deux enfans, tous les trois de la communion protestante comme moi, que dans l'espérance de pouvoir réussir à m'établir ici, dans l'espérance que par un effet de votre zèle pour la Maison de Dieu, et de votre compassion pour des victimes prêtes à être immolées, vous voudriez bien m'accorder, comme j'ai l'honneur de vous en supplier très respectueusement, la permission de m'établir dans cette ville libre impériale, qui selon les rapports que m'ont fait diverses personnes de l'une et de l'autre communion, se trouve dans le cas d'avoir besoin d'un homme lettré, né françois, et versé dans la langue allemande, ainsi que pourvu de connoissances nécessaires à tous ceux qui se chargent de quelque partie que ce soit de l'éducation de la jeunesse. J'ose me flatter, messieurs, de réunir en moi ces qualités, et je me ferois gloire de conserver mon peu de talens à l'éducation de la jeunesse de cette ville, si vous daignez, à l'exemple de la communion évangélique de Berlin et de Copenhague, me recevoir à l'honneur d'habiter parmi vous. Si vous avez des raisons de vouloir me connoître à fond avant que de m'honorer de vos graces, je me contenterai, en attendant que j'aie mérité une faveur plus étendue, d'une permission limitée à deux ou trois ans qui me suffiront pour faire voir qui je suis et quelle est ma conduite. Je vous supplie très respectueusement [Bl. 142r] Messieurs, de vouloir bien m'honorer d'une réponse favorable et de vouloir bien agréer les assûrances respectueuses de la parfaite soumission avec laquelle j'ai l'honeur d'être,

       Messieurs

            Votre très humble
            et très obéissant serviteur

            Paradis, professeur en belles
            lettres françoises.

à Francfort, ce 25 octobre 1766"

Zum einen fällt auf, dass der Antragsteller seinen einst sorgsam gepflegten Namenszusatz *de Tavannes* nicht mehr benutzte und – es sei gleich angefügt - übrigens auch nicht mehr benutzen wird. Zum anderen nutzte er zur Steigerung seines Ansehens nicht mehr den Titel *maître de langue*, wohl aber den eines *professeur en belles lettres françoises*. Dieses letztere Faktum schien jedoch den Frankfurter Magistrat nicht zu beeindrucken.

Das Gesuch wurde am 28. Oktober im Magistrat verlesen und sogleich ohne Begründung abgelehnt. Auf dem Adressblatt findet man diesen handschriftlichen Vermerk des Magistrats: „Lect. in Senat. d. 28 October 1766 et concl.: Solle man dieses Gesuch abschlagen."

Den Grund für die Ablehnung glaubte Paradis darin zu sehen, dass er die eingangs erwähnten Empfehlungsschreiben nicht beigelegt hatte. Nach der Ablehnung reichte der Antragsteller die Empfehlungsschreiben nach, die am 4. November 1766 im Rat verlesen und dann an Paradis zurückgereicht wurden, so dass sie heute nicht mehr erhalten sind. Über die Art der Empfehlungsschreiben, die Paradis augenscheinlich im Angesicht der Daten erbeten hatte, können wir etwas aus einem Protokoll des Schatzungsamtes (Finanzbehörde) vom 6. November 1766 erfahren[86]: es handelte sich um:

– ein Attestat des „Rector[s] und Prorector[s] des Gymnasium zu Berlin" vom 2. September 1761.

– ein Attestat von Jacob Henning Hesselberg (1734–1809), dem „wirklichen Major der Kgl.-dänischen Kriegsakademie" vom 22. September 1766. (Paradis bat Hesselberg um das Schreiben, weil er mit dem Leiter der Akademie, von Maas, – wie berichtet – zerstritten war.)

---

[86] fol. 218–221.

– einen Salvus Conductus (Geleitbrief) des dänischen Ministers Bernstorff vom 3. Oktober 1766.
– ein Schreiben des hanauischen Regimentsrats Christian Ledderhose vom 21. Oktober 1766 an den „Doctor et Minist. Sen. Plitt" (Oberpfarrer). Johann Jakob Plitt (1727–1773), der seit 1762 als Hauptprediger der Barfüßerkirche in Frankfurt wirkte, war mit der Familie Paradis sehr gut bekannt, wie wir weiter unten sehen werden.

Die genannte Akte des Schatzungsamtes geht a.a.O. kurz auf den Inhalt der Dokumente ein und schreibt, dass „ersichtlich [sei], daß er in dem Berlinischen Gymnasio, so wohl in der frantzösischen Sprache als Litteratur gegeben, in Coppenhagen aber in der Academie militaire als Professor 2 ½ Jahr gestanden, und sich allenthalben wohl auffgeführet, auch sich durch seinen Unterricht, sowohl im Lehren, als herausgegebenen Schrifften nützlich und beliebt gemacht habe." Aus dem schon genannten Schreiben des Hanauer Regimentsrates Ledderhose vom 21. Oktober 1766 zitiert das Ratsprotokoll zur Absicht des Petenten: „Er verhoffe übrigens mit Information in der frantzösischen Sprache so wohl als Historie und Geographie allhier sich ehrlich zu ernähren. Bäte also gehorsamst, ihme den beysaßen Schutz gr[oß]g[ünstiglich] zu verstatten, sollte es aber zu viel Schwürigkeiten machen, bittet derselbe ihn mit einem Permissions Schein auf 1 Jahr zu gegnadigen."

Das Ergebnis der Demarche bestand darin, dass Paradis zunächst eine Aufenthaltsgenehmigung (Permission) für ein Jahr, danach, im November 1767, den Beisassenschutz erhielt.[87] Es ist nicht bekannt, dass Paradis in Frankfurt eine Lehrerstelle erhalten hätte. Aber er konnte sich wieder als *maître de pension* betätigen. Er bekam im Jahre 1766 die Genehmigung zur Einrichtung eines Internats mit Schülerausbildung. „[Paradis] fonde une maison d'éducation pour les jeunes gens et les jeunes filles de bonne famille." Dass eine solche Institution auch für gut situierte Mädchen offen stand, war neu, aber auch bezeichnend für die aufklärerische Situation der Zeit. Man erinnere sich, dass sich Paradis im Jahre 1763 in seinen *Réflexions sur l'étude de la langue françoise* auch schon an die „jeunes gens de l'un et de l'autre sexe" gewandt hatte. Paradis erlangte auch die Genehmigung, armen Gymnasiasten in vier Wochenstunden unentgeltlich

---

[87] Bericht des Schatzungsamtes vom 6. November 1766 (Senatsprotokoll 1766, fol. 363r).

Französisch-Unterricht zu erteilen. In seinem Pensionat richtete Paradis Klassen mit maximal sechzehn Schülern ein und machte der städtischen Schule damit durchaus Konkurrenz, denn er unterrichtete auch Kalligraphie, Erdkunde, Geschichte, Arithmetik und sogar deutsche Sprache ebenso wie Christenlehre und Religionsgeschichte sowie Malen und Zeichnen, aber auch Musik- und Tanzunterricht. Seine Frau übernahm den Französisch-Unterricht.

Der paradissche Schulplan sah eine erste Klasse für sechzehn „Demoiselles de l'âge d'environ 4 jusqu'à 10 ans" vor; die zweite Klasse sollte ebenfalls aus sechzehn Mädchen im Alter von 10 bis 16 Jahren bestehen. Daneben gab es das Analogon, zwei Klassen für Knaben im gleichen Alter. Das entsprechende Lehrprogramm, einschließlich der verwendeten Lehrbücher und des zu zahlenden Schulgelds, hat vorteilhafterweise Strauss (1914: 222–231) abgedruckt. Daraus geht hervor, dass die Unterrichte immer gleichzeitig stattfanden, was bedeutet, dass Paradis weitere Lehrer angestellt haben musste, um den Unterrichtsanfall zu bewältigen.

Die Schulkonkurrenz oder die großzügige Auslegung der Unterrichtsgenehmigung durch Paradis führte im Mai 1768 durch die Schulbehörde (Konsistorium) zu einem Verbot, Erdkunde und Geschichte zu unterrichten. Paradis solle sich lediglich auf Französisch beschränken. Aber Paradis ließ sich dadurch nicht besonders beeindrucken und erweiterte seine Adressaten auf französische Offiziere, die in Deutschland Deutsch lernen wollten. Zudem: „Il prend aussi les jeunes Artistes et Négocians curieux d'apprendre le françois ou l'allemand."[88]

Zur gleichen Zeit publizierte Paradis eine theoretisch-pädagogische Schrift mit dem Titel *Discours sur divers sujets intéressans, relatifs à l'éducation de la jeunesse non-lettrée, à Francfort et Leipsic, Chez Jean Georg Eslinger, 1768*, die vermutlich auch den Frankfurter Magistrat ansprechen sollte, um diesen von der pädagogischen Fähigkeit des Verfassers auch im Licht der Aufklärung zu überzeugen. Dieses Werk, zu dem er jedes halbe Jahr eine – letztlich aber nicht realisierte – Fortsetzung, als deren Prospektus die vorliegende Publikation dienen sollte, vorsah, war dazu ausersehen, einige drängende zeitgenössische Erziehungs- und Schulprobleme aufzugreifen: Sinn einer Erziehung von bildungsfer-

---

[88] Zitat aus der Gazette d'Agriculture, Nr. 70 von Sonnabend, den 31. August 1771, Seite 559a. Dank dafür an DAUMALLE 2005: 221.

nen Jugendlichen, die den größten Teil des Nachwuchses ausmachten; die in der Erziehung anzustrebende Gleichberechtigung der Mädchen; sowie eine grundlegende Schulreform.

Im Zuge der französischen Aufklärung wurden auch Ausbildungs- und Schulfragen ins Auge gefasst. Nach dem Verbot der Jesuiten und ihrer Schulen in Frankreich im Jahre 1763 dachte man intensiv über eine Neuordnung des französischen Schulwesens nach. Symptomatisch dafür ist eine Abhandlung von Jean Henri Maubert de Gouvest (1721–1767)[89], *Le temps perdu. Ou les Ecoles publiques. Considérations d'un Patriote sur l'Education de la Premiére-Jeunesse en France. Avec l'idée d'un nouveau Collége & le précis de l'instruction qui y seroit donnée*, Amsterdam 1765. Gouvests eigene Erfahrung aus der Klosterschule ließ ihn von der „verlorenen Zeit" schreiben, die darin bestand, dass die Schüler bis zu acht Jahre weltfremden Lateinunterricht genießen und sich ebenso lange in Religion ergehen mussten. Dagegen verlangte Gouvest (S. 29) „[...] recevoir l'instruction convenable à l'état où elle [la jeunesse] est née, & à celui auquel elle peut raisonnablement prétendre." Latein wird nur noch für den künftigen Klerus, für die höhere Beamtenlaufbahn und Juristen nötig sein. Für die anderen Schüler sollte nur eine „abgespeckte" Version gelehrt werden, ebenso die Religion („L'amour & le respect de la religion sont la baze [sic] de la bonne éducation."). Im Übrigen sollte der Unterricht an den künftigen Berufsweg angepasst werden: Seeleute werden statt Deutsch eher Englisch lernen; Militärs lernen nicht Latein, wohl aber Deutsch, Logik, Geometrie, Physik und Geschichte. Andere Schüler sollten zwei Jahre Latein (ein Jahr Grammatik, ein Jahr Stil); zwei Jahre Deutsch; zwei Jahre Englisch; ein Jahr Logik; ein Jahr Geometrie und Physik; ein Jahr Arithmetik und Bankwesen; ein Jahr Geschichte und Geographie sowie französische Rhetorik (Literatur) lernen. Eine herausragende Stellung nimmt bei Gouvest die Logik ein, und er betonte (S. 23):

---

[89] Wie PARADIS legte sich der in Rouen gebürtige Jean Henri MAUBERT einen Adelstitel zu, indem er seinen Namen durch de GOUVEST ergänzte, um sein gesellschaftliches Fortkommen zu befördern. Dazu begab er sich nach Sachsen und wurde ein enger Vertrauter des Grafen und Premierministers Heinrich von BRÜHL (1700–1763). In Frankreich hatte er eine Schulausbildung im Kapuzinerorden, dem er schließlich desillusioniert entfloh. MAUBERT wurde Calvinist. Der Namenszusatz verweist wie bei PARADIS auf eine topographische Gegebenheit. Es handelt sich um ein sehr kleines Dorf in der Normandie, das im 18. Jahrhundert Gouvest, heute jedoch Gouvets heißt.

„La Logique est, pour ainsi dire, la porte & la clef de toutes les sciences. [...] elle est une étude de premiére nécessité, pour quiconque ne veut pas être un pur automate dans la Société. Sans la Logique, nous ne sommes capables ni d'instruire ni d'être instruits, ni de convaincre ni d'être convaincus. Au fond, la Logique n'est rien d'autre chose que ce qu'on appelle communement le bon sens & le jugement."

Paradis stellt in seinem Buch ebenso wie Gouvest einen im Sinn der Aufklärung angemessenen Plan für eine reformierte Schule vor, zu dem er die Anregung bereits in seiner Kopenhagener Zeit Anfang der sechziger Jahre erhalten hatte. Dazu ist es erforderlich, kurz den Blick nach Russland zu richten, wo Katharina II. (1729–1796) am 9. Juli 1762 den Zarenthron bestiegen hatte, die übrigens zugleich auch Herzogin von Holstein-Gottorf war, womit sich eine Verbindung nach Dänemark erklärt. Katharina zeigte sich gegenüber der Ideengewalt der französischen Aufklärung aufgeschlossen und korrespondierte mit Voltaire, Diderot und d'Alembert, deren Vorstellungen bei Katharinas Plänen zur Reformierung des immensen russischen Reiches fundamental eingearbeitet wurden. In Bildungs- und Schulfragen sowie Schuleinrichtungen wurde Katharina von Ivan Ivanovič Beckoj (1704–1795) beraten, der fünfzehn Jahre lang in Paris gelebt und die Enzyklopädisten und deren Geist kennengelernt hatte. Katharina schätzte Beckojs Bildung, seinen feinen Geschmack und seinen Rationalismus. In Petersburg eröffnete er ein Bildungsinstitut für Mädchen wohlhabender Familien (Smolny); Beckoj wurde unter Katharina der Verantwortliche für Bildungsfragen und -einrichtungen.

Dieses russische Programm stellte der russische Gesandte in Kopenhagen, Johann Albert (Albrecht) von Korff (1697–1766)[90], in der Zeit von Paradis' Aufenthalt in Kopenhagen in einem Vortrag vor. Von daher erhielt Paradis die Anregung, sich Gedanken über eine in die Aufklärung eingebettete Schulreform zu machen. Daß er sich dabei primär den unteren, den „bildungsfernen" Schichten der Bevölkerung zuwandte, ist auch aus seiner physiokratischen Position erklärbar. Dem Staat müsse die Nützlichkeit dieser weitgehend vernachlässigten, aber zahlenmäßig größten Jugendgruppe vor Augen geführt werden. Da-

---

[90] Von 1734 bis 1740 war KORFF Präsident der russischen Akademie der Wissenschaften. Ab 1740 wirkte er mit einer Unterbrechung bis zu seinem Tod als russischer Gesandter in Kopenhagen. Der bibliophile und weltgewandte KORFF nahm am gesellschaftlichen Leben Kopenhagens lebhaften Anteil. In seinem Haus wurde die Kopenhagener Freimaurerloge gegründet.

bei wäre zu prüfen, welche Lerninhalte mit Blick auf die gesellschaftsrelevante künftige Berufstätigkeit des Nachwuchses bereitzustellen und mit welcher Methode sie zu lehren seien. Wohl und Wehe des Staates hängen von der Nützlichkeit der „éducation chrétienne & raisonnable" ab. Dabei gelte für den Menschen allgemein (Paradis 1768: 5):

> „se rendre utile à sa patrie par sa probité, par son industrie, par ses talens, par son intégrité, par ses lumières, par sa fidélité à son prince, par son attachement aux devoirs de son état, en un mot qui puisse servir un jour utilement son souverain & sa patrie."

Wenn Paradis klären will, was man unter einer „éducation chrétienne & raisonnable" zu verstehen hat, so malt er zunächst ein negatives Bild von einer fehlenden oder mangelhaften Erziehung. Eine schlechte Erziehung bringe Menschen hervor, die dem Staat nicht nützlich sein werden, die zu Laster, Boshaftigkeit, Verbrechen, Verderbnis und Exzessen neigen und damit die Grundlagen des Staates erschüttern, seine Ordnung beschädigen und seine Gesetze untergraben können. Zur Verdeutlichung dieses Gedankenganges führt Paradis negative Beispiele aus der römischen und persischen Antike an, die ein beklemmendes Bild der Unerzogenheit vermitteln. Paradis hält dagegen (Paradis 1786: 15f.):

> „[…] la vraie éducation est l'art de former les jeunes-gens à la vertu par une morale qui ne soit ni outrée ni relâchée, mais surtout par la force de l'exemple: C'est l'art de régler les mœurs par des instructions raisonnables […]: C'est l'art de prévenir le mal en lui fermant l'entrée dans des cœurs encore flexibles, en les accoutumant de bonne heure à la pratique du bien: Enfin c'est l'art de faire connoître aux hommes leurs devoirs envers Dieu, envers leur Souverain, envers la patrie, envers leur prochain, envers eux mêmes; & de les rendre capables de s'aquitter de ses devoirs."

Nur auf diesem Wege könne „un honnête homme" und „un bon chrétien" herangebildet werden. Die regierenden Kräfte, gemeint ist hier wohl wieder auch der Frankfurter Magistrat, müssen ein Interesse daran haben, nützliche Untergebene zu schaffen; und deswegen richten sie für deren Erziehung „établissemens convenables" ein.

Paradis wird dazu einen Plan präsentieren. Zunächst will er aber ein anderes Thema der Aufklärung mit Blick auf die Erziehung in den Vordergrund rücken: die Gleichberechtigung der Frau. Argumentationen zu dem Thema fand Paradis bei der Marquise de Lambert (1647–1733)[91], bei der er ein (von ihm ungenau wiedergegebenes) Zitat aus dem *Avis d'une mère à sa fille* anführt:[92]

„On a dans tous les temps négligé l'éducation des filles, l'on n'a d'attention que pour les hommes; et comme si les femmes étoient une espèce à part, on les abandonne à elles-mêmes, sans secours, sans penser qu'elles composent la moitié du monde;"

Paradis, der Frauenrechtler!: Den Frauen falle eben nicht nur die Aufgabe der Fortpflanzung des Menschengeschlechts zu. Deswegen sei die Vernachlässigung der weiblichen Erziehung ein Verbrechen und eine Ungerechtigkeit, denn Frauen seien gleichermaßen vernunftbegabt wie Männer. Die Frau ist von der Veranlagung her dem Mann ebenbürtig, was Klugheit, Tugendhaftigkeit, Aufklärung, Wissenschaft, Mäßigung und Heldenmut angehe.

In diesem Zusammenhang bricht Paradis auch eine Lanze für die Familie: Von seiner religiösen Position verteidigt er die gottgewollte Ehe, die unauflöslich sei. Dabei ermahnt Paradis die Ehemänner zu einem ehrenvollen Verhalten gegenüber der Frau (Paradis 1768: 78):

„Et vous, maris, de votre côté, conduisez-vous avec circonspection à l'égard de vos femmes, comme à l'égard d'un sexe plus faible, aiant de l'honnêteté pour elles, puisqu'elles ont la même part que vous à la grâce de la vie, afin que vos prières ne soient point troublées. Enfin vivez tous dans la parfaite intelligence, soyez compâtissant les uns envèrs les autres, pleins d'amour pour vos frères, miséricordieux & affables."

Schöne Worte. Allein im Jahre 1781 wird Paradis seine Familie verlassen haben.

In einem aufgeklärten Zeitalter, so Paradis, dürfe man die Erziehung und Ausbildung der Mädchen nicht vernachlässigen. Paradis (1768: 49f.) gibt zu bedenken, auch mit Blick auf die Marquise de Lambert:

„On n'osera dans un siècle aussi élairé que le nôtre, excuser la négligence que nous apportons à l'éducation des filles, en objectant la faiblesse de ce sexe: ou ceux qui feront

---

[91] Anne-Thérèse de Marguenat de Courcelles, verheiratete madame de LAMBERT, war eine französische Literatin und Salondame (salonnière), deren literarischer Salon einen Hort der Wohlanständigkeit (im Vergleich zu den Frivolitäten anderer Salons) und des guten Geschmacks darstellte: politische und religiöse Gespräche blieben ausgeschlossen. Unter dem Einfluß von FÉNELONS Télémaque erzog die Marquise ihren Sohn und ihre Tochter; dazu publizierte sie im Jahre 1726 bzw. 1728 zwei anspruchsvolle Schriften: Avis d'une mère à son fils und Avis d'une mère à sa fille.

[92] Wir zitieren es hier aus den Œuvres complètes de madame la marquise de Lambert, suivies de ses lettres à plusieurs personnages célèbres. Seule édition complète. À Paris chez Léopold Collin, 1808, Seite 61.

cette objection, n'ont aucune teinture de la littérature. Je refuterai cette vaine excuse par l'histoire de plusieurs dames qui se sont rendu célèbres par leurs vertus, par leurs talens, par leur force, par leur fidélité, par leur esprit, par leur savoir; j'ai puisé ces exemples dans plusieurs bons ouvrages, fort connus en Allemagne, où ils sont entre les mains de tout le monde."

In dieser Hinsicht kommt Paradis zu der Erkenntnis, daß die Frauen mit den gleichen Fähigkeiten wie die männlichen Pendants begabt und damit gleichermaßen form- und erziehbar sind (Paradis 1768: 58f.):

„Tout cela prouve que les femmes sont aussi propres que nous à l'aquisition des siences, à la pratique des vertus, à l'héroisme & aux emplois les plus difficiles & les plus sublimes [...]."

Paradis spricht nicht nur über die Erziehung von Jugendlichen, sondern auch über das Verhalten von Erwachsenen, sogar von Regierenden, die sich bei aller Gottesfurcht von Vernunft leiten lassen sollen, zum Wohl der Familie wie auch des Staatsgebildes. Er betont die Rolle der Eltern bei der Erziehung, und wenn die Eltern dazu nicht in der Lage seien, müsse die Schule die Aufgabe vollständig übernehmen. Nach Katharina II. bricht Paradis mit dem alten pädagogischen Prinzip der körperlichen Züchtigung und Bestrafung; vielmehr müsse das Kind mit Respekt behandelt werden; man müsse mit den jungen Leuten so sprechen, als seien sie Erwachsene. Er kritisiert die traditionelle Gemeindeschule, in der die Schüler kein Vorbild vermittelt bekommen, vielmehr sehen sie dort das negative Beispiel unerzogener, verdorbener und disziplinloser Mitschüler. Und neben der Aneignung von Faktenwissen müssen auch Herz und Geist gebildet werden. Die Lernschule mache aber aus den Schülern Automaten, die weder denken noch sprechen noch handeln lernen. Dahem anerzogenen Mangel Selbständigkeit gegenüber stellt Paradis nach russischem Vorbild einen Plan für eine angemessene Schule vor.

Es wird eine achtjährige Ausbildung/Erziehung mit 16 Semesterklassen vorgesehen, wobei Paradis für jeden Semestergang detailliert vorgibt, was gelehrt werden soll: so in den ersten vier Semestern auch Religion. Am Schluß des Buches bespricht Paradis ausführlich den Inhalt des Religionsunterrichts, nämlich die Behandlung des alten und neuen Testaments (Paradis 1768: 176):

„En conduisant les jeunes gens à la connoissance de l'Etre suprême, & des dogmes principaux de la religion, il faudra les accoutumer en même temps à soumettre leur raison à la foi dans les choses surnaturelles."

Der Religionsunterricht stellt eine Apologie Gottes in den Mittelpunkt, dessen Allmacht und Gerechtigkeit. Paradis sieht zudem eine missionarische Aufgabe: Gläubige anderer Religionen sollen sanft und einfühlsam zur Wahrheit der rechten Religion bekehrt werden. Paradis war hier noch fest in seiner anerzogenen jesuitischen Gedankenwelt verankert, nahm die antiklerikale Position der französischen Aufklärung nicht zur Kenntnis und setzte sie schon überhaupt nicht um. Diese Kritik muß man dem ganzen deutschen Schulwesen jener Zeit machen. Ziel blieb es, der Jugend Tugend, Moral und Ethik sowie Gehorsam gegenüber den Präpotenten zu vermitteln. Das Besondere der Spätaufklärung, nämlich die Grundfesten des Staatsgebildes anzutasten, fand auf der Ebene der Erziehung ebenfalls keinen Platz.

Die ersten beiden Jahre lehren Lesen und Schreiben in der Muttersprache sowie Mathematik. In der vierten Klasse wird auch mit einer modernen Fremdsprache begonnen, wobei Latein hintansteht [aber: „un peu de latin ne nuit à personne" (S. 148)]. In den höheren Klassen werden Geschichte, Philosophie und Naturwissenschaften gelehrt. Aber Paradis fördert offensichtlich keinen wissenschaftlichen, wohl aber einen zeitnahen Unterricht, wenn er auffordert, in der Natur Gottes Wirken zu erkennen.

Noch einmal kommt Paradis auf das besondere Thema der Mädchenschule zurück, wenn er auflistet, was in diesem Bereich zu geschehen habe (Paradis 1768: 164):

> „On n'enseigneroit aux demoiselles que les siences nécessaires à leur sèxe; mais elles apprendroient toutes sortes d'ouvrages convenables, tels que la couture en linge, en habits, en modes, & en tout ce qui concerne l'ajustement d'une dame; la broderie en blanc & en nuance, les dentelles & le point, à laver en fin &c. Les siences qu'on enseigneroit aux demoiselles seroient la religion, la lecture, l'écriture, l'orthographe, l'arithmétique, la langue du pays, avec une ou deux des langues des plus connues, le globe, la géographie, l'histoire, le dessin, la logique, la morale, la physique, l'économie, le commerce, les correspondances, & l'art de tenir les livres."

Dabei bringt Paradis in einer Fußnote (S. 164f.) seine Lehranstalt ins Gespräch und fordert die Unterstützung des Frankfurter Bürgermeisters, die, wie wir schon wissen, ausblieb, so dass sich Paradis auf den Französischunterricht eingeengt sah, was freilich auch pekuniäre Konsequenzen mit sich brachte. -

Um sich eine weitere Geldquelle zu erschließen, richtete Paradis in Frankfurt einen Buchhandel ein, der wiederum bei den ortsansässigen Buchhändlern auf beträchtlichen Widerstand und Protest stieß, zu einer Anzeige beim Senat führte und in ein Verbot einmündete.[93]

In der Familie von Paradis kam es nach ungefähr zehn Jahren zu weiterem Kindersegen:

– Am 16. Mai 1768[94] wurde eine Tochter geboren, die am 19. Mai 1768 von Pfarrer Johann Jakob Starck (1730–1796; Goethes Onkel) auf den Namen Carolina Amalia[95] getauft wurde. Man liest:

> „Paradis, Herr Nicolaus, gewesener Professor bey der Königlichen Academie militaire in Koppenhagen; dermalen allhier in Schutz stehend; dann Anna Maria, dessen Eheliebste, geb. Gimel, eine d[en] 16. huj[us] c[urrentis] a[nni] geb[orene] Tochter, Carolina Amalia; Gevattern Stelle vertretten S[ine] T[itulo] Herr Christian Lederhose, würklicher Regiments Rath in Hanau und deßen Frau Gemahlin, Carolina Lederhosin."

Hier wird deutlich, wie eng die Beziehung zur hanauischen Familie Ledderhose war. Wir hatten ein Schreiben Ledderhoses an Oberpfarrer Dr. Plitt erwähnt, das Paradis bei seiner Bewerbung in Frankfurt vorgelegt hatte. Die enge Bindung auch zu Dr. Plitt wird dadurch evident werden, daß er weitere Kinder aus dem Hause Paradis taufen wird.

– Am 14. Juli 1769[96] wurde ein Sohn geboren, der am 16. Juli 1769 durch Oberpfarrer Dr. Plitt auf den Namen Augustus Fridericus Emilius getauft wurde, aber bereits ein halbes Jahr später, am 8. Januar 1770 verstarb. Pate war Isaac Jassoy (1745 Hanau – ca. 1783 in Ostindien), der Hessen-Hanauische Kommerzienassessor.

– Am 3. Juli 1771[97] wurde eine weitere Tochter geboren und am 7. Juli 1771 von Oberpfarrer Dr. Plitt auf die Namen Susanna Amalia Carolina[98] getauft. Susanna Gimel hieß die Berliner Großmutter des Kindes, die hier auch Patin war.

---

[93] Senatsprotokoll 1768, fol. 337v f.
[94] Frankfurt a.M.: Geburtsregister 38 (1766-1768), S. 728.
[95] Caroline heiratete am 11. Dezember 1791 den Uhrmachermeister Josué Nicolet (Sohn des David Nicolet aus der Berggemeinde von Basel) (Quelle: Kirchenbuch Homburg 1792 Nr. 848). Aus dieser Ehe ging ein Sohn hervor, der am 18./19. August 1793 geboren und nach seinem Paten François Michel Heraud auch François Michel genannt wurde (Quelle Kirchenbuch Homburg 1793 Nr. 129). Am 11. August 1795 wurde der Familie noch eine Tochter geboren, die nach der Patentante Susanne Nicolet den Namen Susanne Louise erhielt (Quelle: Kirchenbuch Nr. 138).
[96] Geburtsregister 39 (1769-1772), S. 149.
[97] Ebenda, Seite 637.

– Am 3. Mai 1776[99] erblickte eine weitere Tochter das Frankfurter Licht und wurde am 16. Mai 1776 von Pfarrer Johann Jacob Griesbach (1745–1812) auf den Namen Maria Sophia getauft.

Weitere Kinder konnten nicht nachgewiesen werden.

Im Angesicht einer so zahlreichen Familie musste sich Nicolas Hyacinthe Paradis neue Geldquellen erschließen. Deswegen besann er sich auf seine journalistischen und editorischen Fähigkeiten.

Zu der Zeit, als die französische Aufklärung mit Diderots und d'Alemberts Enzyklopädie einen Höhepunkt erlebte, strebte auch Paradis im hessischen Frankfurt danach, dem Bürgertum nützlich zu sein, ohne allerdings die bestehende Regierungsform in Frage zu stellen oder die Abschaffung der Religion einzufordern. Vielmehr stellte Paradis bei seinen Überlegungen den Gedanken der Nützlichkeit für das Menschengeschlecht, d.h. zukunftsweisendes Wissen und Denken, in den Mittelpunkt. Unter der Prämisse der Nützlichkeit trat er in den Jahren 1769 bis 1770 in Frankfurt mit einer als Wochenblatt erscheinenden Zeitschrift hervor, die auf zwei Bände anwuchs und ihr umfassendes Anliegen bereits im Titel zum Ausdruck brachte:

„*Les Fastes du Goût ou les nouveautés du jour: Feuille hebdomadaire, qui renferme succintement les détails concernant en général les Siences* [sic]*, les Arts, l'Industrie, les Modes; plus particulièrement la Philosophie, les Mathématiques, la Méchanique, l'Histoire, la Critique, la Morale, la Poésie, la Peinture, la Sculture, la Gravure, l'Architecture, la Musique, la Danse, l'Economie, l'Agriculture, les Finances, les Spectacles, & les variations dans l'habillement. Le tout melé d'Anecdotes, de Saillies, de petits Vers & de Bon-mots. Par une Société de gens de lettres.*"

In dem Vorwort zu den *Fastes* präzisiert Paradis die Motive, die ihn bestimmt haben, seinen Adressaten, nämlich den gelehrten Lesern, Handwerkern, Laien und den Handeltreibenden, entgegenzukommen und deren Neugier, Interesse, Streben nach Bildung, aber auch Spaß zu befriedigen. Dabei sollen sich die *Fastes* von anderen Zeitschriften dadurch unterscheiden, dass nur den denkwür-

---

[98] Das Homburger Traubuch von 1792 weist unter Nr. 484 aus, dass »Susette Caroline« Paradis am 19. Juni 1792 Georg Ludwig Nicolet (1766–1827) heiratete. Nach dem Tod ihres Ehemannes heiratete Susanna Amalia Caroline am 20. November 1827 Johann Georg Christian Rühl (1791–1856). Die »des Schreibens unkundige« (!) Susanna Amalia Caroline, die Tochter des Schulmannes (!) Nicolas Hyacinthe Paradis, starb am 10. März 1844 (Quelle: Kirchenbuch Gonzenheim).

[99] Geburtsregister 40 (1773–1778), Seite 481.

digsten Dingen ein Platz eingeräumt wird. Dabei wolle Paradis auf lange Abhandlungen oder auf ein geschlossenes System verzichten. Dagegen:

> „Comme l'abeille, nous ne feront que glisser sur les fleurs pour en recueillir les sucs les plus fins. [...] mais nous ne donnerons absolument que du neuf, parce que nous ne ferons que suivre la gradation successive des progrès de la raison et de l'industrie humaine."

Und mit Blick auf die nachwachsende Generation bricht hier auch der Pädagoge durch:

> „Nous remarquons encore que les jeunes-gens ne pourons [sic] en faire la lecture qu'avec beaucoup d'utilité, soit en s'exerçant dans la langue françoise, soit en puisant dans cet ouvrage un avant-goût des siences [sic] & des arts."

Neben der Vermittlung von Wissenschaft und Handwerk ganz im enzyklopädischen Sinn bleiben Lehre und Weiterbildung in der Praxis der französischen Sprache ein unerschöpfliches Anliegen. Bei der Kompilation der Zeitschrift war es auch oftmals nötig, beispielsweise deutsche Texte ins Französische zu übersetzen. Und hier stieß Paradis bei seinen Übersetzern auf Schwierigkeiten, denn das Übersetzen von Fachtexten verlangte nicht nur Kenntnis der Materie, sondern auch Kenntnis des Fachwortschatzes. Deshalb tat er sich mit einem ihm bekannten evangelischen Pfarrer, Jonas Bayer (1725–1767)[100], zusammen, um in Frankfurt im Jahre 1772 in der Verlagsdruckerei Kochendörfer ein offenbar aus dem Nachlaß Bayers stammendes Manuskript als *Manuel pratique des langues françoise et allemande avec les explications et remarques nécessaires* weiterzuschreiben und zu veröffentlichen. Dieses Werk, das kein Lehrbuch des Französischen im eigentlichen Sinn, wohl aber eine Einführung in die Erarbeitung von Fachwortschatz, eine Art Wörterbuch, darstellt, ist heute im öffentlichen Bibliothekswesen bedauerlicherweise nicht mehr verfügbar. Beim Abfassen dieses

---

[100] „Ministre de la Parole de Dieu", so PARADIS in der Abonnentenliste des Journal historique, Dezember 1770, Seiten 119–127. Die Lebensdaten des im hessischen Bieber wirkenden und dort 1767 verstorbenen Pfarrers entnehmen wir dem Werk von Jürgen TELSCHOW und Elisabeth REITER, Die evangelischen Pfarrer von Frankfurt am Main, Frankfurt a.M.: Evangelischer Regionalverband, ²1985. Wie passt das Sterbedatum mit dem Publikationsdatum des Buches zusammen? Vermutlich ist davon auszugehen, dass BAYER bereits ein Manuskript verfasst hatte, das PARADIS übergeben und von diesem bearbeitet und zu Ende gebracht wurde.

Werks fühlte sich Paradis auch von einem Hinweis des Abbé Roubaud getragen, den dieser in der französischen *Gazette d'agriculture*[101] gegeben hat:

> „Par les relations que nous avons avec les différents Etats de l'Europe, nous nous sommes convaincus que l'Allemagne était de ceux dont nous pourrions tirer les plus brillants secours, pour l'amélioration des différents genres de culture. – Il serait temps que les Traducteurs nous fissent connaître les bons ouvrages des Sociétés et des Particuliers Agronomes de cette laborieuse et savante Nation. – On a traduit de l'allemand assez de belles poésies, des contes aussi, et autres ouvrages d'agrément: le tribut en ce genre est abondamment payé, et nous croyons pouvoir, après cela, réclamer les soins des personnes versés dans les langues pour des objets utiles. – Nous croyons devoir, d'après notre expérience journalière, dire un mot de l'extrême difficulté qu'il y a de traduire de quelque langue vivante que ce soit, les traités d'Agriculture et des Arts. On dirait que les Auteurs des Dictionnaires de langues n'ont pas cru pendant longtemps que les Nations dussent se communiquer les unes aux autres leurs lumières sur les objets les plus importants pour l'Humanité. Les langues des Cultivateurs et des Artistes manquent entièrement dans ces livres nécessaires, et les personnes les mieux intentionnées sont souvent forcées de renoncer, faute de ce secours à la traduction des meilleurs ouvrages, je veux dire les plus utiles [...]."

Die in den *Fastes* behandelten Gegenstände siedelten sich im Bereich der Landwirtschaft, des Handwerks und Handels sowie der Manufaktur für neue Produkte, im Bereich von neuen Erfindungen, Modeerzeugnisse, Ökonomie, Mineralogie, Jagdwesen und Fischereiwesen an. Am Schluß des zweiten Bandes (1770) glaubte Paradis, ein positives Fazit ziehen zu können (Seite 394):

> „On a vu jusqu'ici que notre ouvrage, consacré au bon goût, à l'utilité publique, & à l'amusement des personnes raisonnables, a assez heureusement rempli les objets qu'il a embrassés."

Im gleichen Band, Seite 395, weist Paradis darauf hin, daß seit letztem Juli (offenbar 1769) seine Zeitschrift *Journal historique de commerce* erschienen sei, die noch breiter als die *Fastes* ausgearbeitet ist. Tatsächlich war der Titel dieses Periodikums, dessen erster Band allerdings im Januar 1770 erschien[102], viel breiter angelegt:

> „*Journal historique des siences, des arts, de l'industrie, de la navigation, de l'agriculture et du commerce, dédié à son altesse sérénissime et électorale de Trèves.*

---

[101] 20. August 1771, Seiten 532b f. [zitiert nach DAUMALLE 2005: 224, Fußnote 397).
[102] RÜDIGER (1908: 252) gibt als Erscheinungsdatum das Jahr 1779 an, was, da wir das Periodikum eingesehen haben, offensichtlich falsch ist. SCHRÖDER (1992: 276) hat diesen Fehler ohne Kritik tradiert.

Contenant un exposé succint de la littérature, des découvertes, des inventions, & des événements dont la connoissance intéresse le plus la société; de même que des pièces de pur agrément en prose & en vers.
Premier trimestre, à Francfort sur le Meyn, Le 15 janvier 1770."

Bis Dezember 1770 erschienen 12 Hefte, jeweils am 15. Tag des Monats. Wir haben es also mit einer Monatsschrift zu tun, die jedoch mit Ablauf des Jahres schon ihr Ende fand. Mit diesem Blatt strebte Paradis an, eine große Zahl von Korrespondenten zu gewinnen, die für die Öffentlichkeit nützliche Beiträge, z.B. über Entdeckungen und Erfindungen, liefern sollten. Damit werden die Neuigkeiten auch von anderen großen europäischen Zeitschriften übernommen und verbreitet werden.

In der Widmung der Zeitschrift an den Kurfürsten und Erzbischof von Trier, Clemens Wenzeslaus von Sachsen (1739–1812; Sohn Augusts II. von Sachsen/Augusts III. von Polen), gab sich Paradis zu erkennen und beschrieb sich als „Paradis, Correspondant & rédacteur du Journal historique". Clemens Wenzeslaus stand der Aufklärung nahe (dieser Position wurde er erst mit dem Sieg der französischen Revolution abhold); er förderte in Trier das Schulwesen und schuf gemeinnützige Einrichtungen zur Hebung von Bildung und Wohlstand. Im Jahre 1783 erließ er ein Edikt zur religiösen Toleranz, das allerdings durch staatsutilitaristische Prämissen mit Blick auf wirtschaftliche Prosperität begründet war. Aufklärung, Schulwesen und Gemeinnutz dürften die Punkte gewesen sein, durch die sich Paradis mit dem Trierer Erzbischof verbunden fühlte.

Und schon in der *Préface* postulierte Paradis wieder das Generalziel der Publikation, nämlich die „utilité publique", und er schrieb dazu:

> „Cet ouvrage [...] ne renferme que des choses de la plus grande utilité aux citoyens de toutes les condictions & de tous les états: Nous nous proposons surtout de développer les progrès des arts & les efforts de l'esprit-humain qui nous enrichit tous les jours de quelque production précieuse à l'humanité."

Dabei war es dem Pädagogen zudem ein dezidiertes Anliegen, für „la culture du cœur des jeunes citoyens que la providence destine à former une société aimable & vertueuse après nous" einzutreten.

Die Beiträge in den Heften erschienen in der Regel anonym. Im Heft drei vom März 1770 finden wir (Seiten 3–25) einen Artikel *Discours sur la sience des tems, sur l'authenticité des écrivains qui ont traité de l'histoire, sur les observa-*

tions astronomiques, & sur l'utilité de l'art numismatique, bei dem sich Paradis indirekt zu erkennen gab, wenn er schrieb „Par l'auteur du Citoyen": das war ein Hinweis auf seine Mitarbeit an den *Ephémérides du citoyen* von Du Pont de Nemours. Ein Artikel im Juniheft (Seiten 3–49) *Grammaire et Rethorique* [sic] dürfte auch aus der paradisschen Feder stammen, obwohl er anonym erschienen ist.

Der Inhalt der Hefte zeigt eine variationsreiche Mischung aus der Beschreibung von historischen Forschungen, aus Einlassungen zur politischen Geschichte, zur Literaturgeschichte nicht nur von Sachbüchern, sondern auch von Romanen; es werden Länder und Sitten von Völkern beschrieben; man findet Gedichte religiösen Inhalts sowie Reden, Biographien, Genealogien (Adelshäuser), Kritiken, Anekdoten sowie den Abdruck von Lesefrüchten. Paradis bemerkt in einem *Avertissement* an die Leser: „On promet à Mrs. les amateurs des choses utiles & agréables: des pièces nouvelles & la fleur de tout ce que les meilleurs Journaux de tous les pays ont de plus exquis […]". Mit dieser Einlassung wird das länderübergreifende Streben des Herausgebers mit dem Ziel deutlich, aus den Erkenntnissen anderer Länder Profit für das Vorankommen der Menschheit zu ziehen. Solche positiven internationalen Kontakte bieten in der Regel einen Anstoß für weitere kulturelle Entwicklung.

Im gleichem *Avertissement* an die Leser bezeichnet sich Paradis unter anderem als „auteur du Courier [sic] Politique & Littéraire". Hier spielt er auf ein gleichzeitig erscheinendes Periodikum aus der Zeit von 1769/70 an, das aber offenbar recht kurzlebig war, da es in keiner Bibliothek aufgenommen, in keiner Bibliographie erwähnt wurde.

Paradis ließ in seiner Herausgebertätigkeit ab dem Jahre 1771 zunächst eine Pause eintreten, als er sich verstärkt journalistischer Tätigkeit zuwandte.

Den von Paradis herausgegebenen Frankfurter Periodika ist die Hinwendung zu landwirtschaftlichen Problemen gemeinsam. Mit Fragen der landwirtschaftlichen Produktion war er zum Teil in leidvoller Vergangenheit schon befasst. Der Siebenjährige Krieg hatte auch Preußens Landwirtschaft zu Boden gedrückt und damit die Ernährung der Bevölkerung in eine prekäre Lage gebracht. Dagegen hatte Paradis in Dänemark, einem hauptsächlichen Agrarstaat, den Segen einer florierenden Landwirtschaft kennengelernt. Und im Jahre 1758 erschien ein

Werk, das die nationalökonomische Schule mit dem Schwerpunkt der Landwirtschaft als Basis der Produktivität eines Landes begründete. Es handelte sich um den *Tableau économique, et maximes générales du gouvernement économiques* (Versailles 1758), mit dem der französische Arzt und Ökonom, der Enzyklopädist François Quesnay (1694–1774) die physiokratische Schule der Volkswirtschaft begründete. Und im Jahre 1766 publizierte er im *Journal de l'Agriculture, du Commerce et des Finances*[103] eine *Analyse du Tableau économique*[104].

Der doch physiokratiekritische *Journal de l'Agriculture* wurde ab Mai 1770 bis Dezember 1774 von dem militanten französischen Physiokraten und Turgot-Berater Pierre Joseph André Roubaud (1730–1792)[105] als Direktor und Redakteur geleitet. Dieser *Journal* war von Anfang an als Supplement der *Gazette d'Agriculture* gedacht. Abbé Roubaud wurde gleichzeitig Chef der *Gazette d'Agriculture, Commerce, Arts et Finances*, reorganisierte zunächst beide Blätter und leitete sie auf einen konsequent physiokratischen Weg. Nach der Einstellung des *Journal* im Dezember 1774 beschränkte Abbé Roubaud aus Gesundheitsgründen auf die Leitung der *Gazette d'Agriculture, Commerce, Arts & Finances*, mit der er die Politik des wirtschaftsliberalen Anne Robert Jacques Turgot (1727–1781), der seit August 1774 „contrôleur général des finances" geworden war, unterstützte.

Sowohl *Journal* als auch *Gazette* behandelten vorrangig Themen der französischen Wirtschaft, stellten die Fortschritte beim ökonomischen Denken dar und propagierten die Wirtschaftswissenschaften beim Publikum. Beide Blätter schlossen sich auch der Kritik an Beschränkungen für Industrie und Handel an, behandelten die Handelsgerichtsbarkeit, ließen sich über die Kolonien, das Sklaventum und die Armut aus. Man propagierte und förderte neue Erfindungen im handwerklichen Bereich, sprach über neue Pflanzen, diskutierte die Verbesserung und Steigerung von landwirtschaftlichen Erträgen, hatte die Veterinär-

---

[103] Ab Januar 1772 trug das Blatt den Titel Journal de l'agriculture, du commerce, des arts et des finances.
[104] Dieser Jahrgang ist verdienstvollerweise von der Bibliothèque Nationale de France für das Internet gescannt worden:
<http://gallica.bnf.fr/ark:/12148/cb32797536s/date.r=Roubaud%2C+Pierre+Joseph+Andr%C3%A9+.langFR>
[105] Von ROUBAUD haben wir auch ein vierbändiges Werk Nouveaux Synonymes françois, Paris 1785/86.

medizin zum Thema und besprach den Getreidehandel, der in Europa in dieser Zeit in einer tiefen Krise steckte.

Zudem interessierte sich Roubaud im Sinne seiner Leser für analoge Entwicklungen im Ausland, weswegen er Verbindungen nach Nordeuropa, besonders aber nach Deutschland, Dänemark, Schweden und Russland zu etablieren trachtete, deren Wirtschaftsentwicklung beleuchtet wird.

In Europa gab es in vielen Ländern Korrespondenten, vorrangig allerdings in Deutschland. Um 1770[106] kam Paradis mit Roubaud in Kontakt und wurde von diesem gebeten, ein Korrespondentennetz in den deutschen Ländern aufzubauen. Roubaud übertrug ihm schließlich die Koordination des Korrespondentenpools. Daumalle (2005: 219) überschreibt in ihrem Werk ein Kapitel: „La communication des *Lumières* entre les Etats de l'espace germanique et la France mise en œuvre par Nicolas Hyacinthe Paradis" und erkennt darin (220):

> „Paradis est le véritable coordinateur de cet imposant réseau dont le recrutement s'opère auprès des 'Sociétés Patriotiques, Sociétés Economiques' Allemandes, qui ont été créés quelques années auparavant, et de la presse allemande."

Eine nicht unerhebliche Schwierigkeit der Kommunikation mit den Korrespondenten auf postalischem Weg bestand aus der Sicht von Paradis darin, dass infolge der Kleinstaaterei bei jedem einzelnen Staat Porto verlangt wurde und bezahlt werden musste, was sich am Ende zu einer hohen Summe addierte, weswegen Paradis auch immer wieder von seinen Korrespondenten verlangte, dass sie das Porto bezahlten. Aber Paradis ließ sich von dieser materiellen Bedrängnis nicht entmutigen, und schrieb am 1. Oktober 1771 in der *Gazette*:

> „Enfin, Monsieur, je ne cesserai de travailler, autant qu'il me sera possible pour rapprocher les efforts des différents Nations et les enrichir réciproquement de leurs lumières respectives, par le moyen d'une Correspondance également sûre et étendue. Je suis dans ce grand objet, secondé par MM. les Propriétaires de la Gazette et du Journal. L'Allemagne et les Pays voisins semblent désirer cet échange et ce commerce de talents et d'inventions utiles."[107]

So wurde Paradis zum wichtigsten Mitarbeiter der beiden Zeitschriften. Er organisierte mit seiner Erfahrung die Lieferung von Schriften deutscher gemeinnütziger Gesellschaften, von Autoren und Journalisten, so dass neue Erkenntnisse

---

[106] Vgl. DAUMELLE 2005: 222f.
[107] Gazette, Nr. 79, Rubrik „Avis, Annonces, Notes" (zitiert nach DAUMALLE, Seite 222).

aus Deutschland und anderen nordeuropäischen Ländern in Frankreich verbreitet werden konnten. Somit bildeten die Zeitschriften nach Roubauds Definition einen „dépôt commun de la République Universelle Agricole"[108], an dem Paradis einen so erheblichen Anteil hatte, dass man mit Fug und Recht von einem deutsch-französischem oder gar paneuropäischen Gemeinschaftswerk sprechen kann.

Die unermüdliche Françoise Daumalle (2005) hat mit großer Akribie auch Statistisches zusammengetragen: so hat sie die *Gazette* systematisch ausgewertet, um festzustellen, welche Länder und Städte Paradis mit seiner herausragenden logistischen und strategischen Kommunikationsleistung vertreten hat. Man zählt 202 Städte und 48 Länder! Am 7. April 1772 veröffentlicht die *Gazette* in einer Meldung aus Frankfurt einen Aufruf:[109]

> „Différentes Sociétés de Savants et d'Amis de l'Humanité, qui, sous la protection de leurs Souverains respectifs, travaillent à tendre aux progrès de l'Agriculture, de l'Economie domestique, des Arts, de l'Industrie, du Commerce, &c., se sont réunies pour donner l'emploi de leur Correspondance au sieur Paradis, ci-devant Professeur de l'Académie Royale Militaire de Copenhague, actuellement à Francfort. Le but de ces Sociétés Patriotiques et respectables est de grossir la masse des connaissances utiles, d'en faciliter la circulation et d'en rendre la communication plus prompte, plus aisée, plus générale, par le moyen d'un dépôt dans lequel il sera facile de puiser. En conséquence, les personnes que leurs talents mettront en état d'enrichir les Arts, & qui désireront les rendre plus utiles, à eux-mêmes & au Public, sont priées d'adresser au sieur Paradis, Correspondant des Gazettes et Journaux étrangers, à Francfort sur le Meyn, les écrits, les mémoires, les inventions, les découvertes, &c., relatifs aux objets de cette Correspondance, afin qu'il les fasse parvenir aux endroits où ils pourront être publiés dans les Ouvrages périodiques, les plus répandus, qui traitent de ces matières, particulièrement dans la Gazette et le Journal de l'Agriculture de Paris."

Mit seinem Organisationstalent machte sich Paradis in Europa einen Namen und etablierte einen außergewöhnlichen Bekanntenkreis, den er ständig erweiterte und für seine Zwecke nutzen konnte. Daumalle (2005: 272) kommt zu der Schlussfolgerung:

> „Grâce à la collaboration de Nicolas Hyacinthe Paradis [...], professeur de français, journaliste et correspondant des Sociétés Patriotiques, Économiques installées dans les

---

[108] So z.B. Gazette vom 21. November 1772, Seite 743a. (DAUMELLE 2005: 225)

[109] Nr. 28, Seite 217b (zitiert nach DAUMALLE 2005: 263; es ist aus wissenschaftshistorischer Sicht philologischer Observanz zu bedauern, dass DAUMALLE die Orthographie jener Zeit dem heutigen angepasst hat.).

États de l'espace Germanique et dans l'Europe du Nord, puis fondateur de la Société Patriotique de Hesse-Hombourg, la *Gazette d'Agriculture* acquiert une véritable notorité. Ainsi, se crée sous les auspices de N.H. Paradis à Francfort et de l'abbé Roubaud à Paris, une véritable communication des *Lumières* dans la *République Agricole Universelle*, pour reprendre une expression fréquemment employée par les Correspondants Allemands, autrement dit, cette correspondance couvre entièrement l'Europe."

Aber auch der Bekanntheitsgrad von Paradis stieg in großem Umfang, so daß er in seinem Frankfurter Informationsbüro bald Angebote zur Mitarbeit an anderen Zeitschriften erhielt. So bat ihn Jean François Le Tellier um die Lieferung von Nachrichten und Texten für die von ihm geleitete *Gazette des Deux-Ponts* (sie trug ab 1778 den Titel *Gazette ou Journal universel de littérature*), an der Voltaire in erheblichem Umfang mitarbeitete. Da Paradis über viel Material, wenn auch nicht immer das aktuellste, wie Le Tellier monierte, verfügte, ließ er sich auf diese Zusammenarbeit ein. Die aufklärerische Zeitschrift war der französischen *Encyclopédie* zutiefst verpflichtet, deren Neuauflagen dort vielfach rezensiert werden und deren Prospektus abgedruckt wird. Zur Auflockerung druckte die Zeitschrift poetische Originaltexte ab, auch in Übersetzung aus dem Deutschen. Es wurden neue Entdeckungen, Schauspiele, die Schönen Künste und Kommentare von Journalisten beschrieben bzw. veröffentlicht. Die Mitarbeit von Paradis wird im Jahre 1778 infolge von Misshelligkeiten schnell zu Ende gehen (wir berichten weiter unten).

Der unermüdliche Paradis arbeitete als Korrespondent auch an den wirtschaftswissenschaftlich orientierten *Ephémérides du Citoyen, ou Chronique de l'Esprit National*, die von 1765 bis 1772 existierten und von dem Physiokraten Abbé Nicolas Baudeau (1730–1792) gegründet worden waren; im Jahre 1767 erhielten sie einen neuen Titel *Ephémérides du citoyen ou bibliothèque raisonnée des sciences morales et politiques* mit, ab 1769, Pierre Samuel Du Pont de Nemours (1739–1817) als Leiter.

Als Journalist wirkte Paradis ebenfalls an der 1764 von Joseph Dufresne de Francheville (1704–1781) gegründeten *Gazette littéraire de Berlin dédié au Roi, par une société d'académiciens* mit, die zwischen den preußischen Hugenotten und deren einstigem Vaterland Frankreich vermitteln will. Der Begriff »littéraire« muß hier in einem weiten Sinn verstanden werden; er beschränkt sich nicht auf Belletristik, sondern umfasst wissenschaftliche Literatur, z.B. Medizin,

Astronomie, Demographie, technische Fragen: es geht um gesellschaftliche Nützlichkeit und Aufklärung.[110]

Am 5. April 1772 wird Paradis Mitglied der sittlich-ökonomischen Gesellschaft von Ötting-Burghausen.[111] Graf (1993: 182) schreibt von „jenem rührigen und damals von Frankfurt/Main aus agierenden Zeitschriftenherausgeber, der bald nach seiner Zuwahl 1772 zum ‚Korrespondenten' der bayerischen Gesellschaft ernannt worden war." Der Vizepräsident der Burghausener Gesellschaft, Leopold von Hartmann (1734–1791), setzte sich dafür ein, dass Paradis den Titel eines kurbayerischen Hofrats erhielt. Und auf Vermittlung des Grafen Maximilian von Lamberg (1729–1792), der zu der Zeit in Landsberg residierte und privatisierte, trat Paradis auch in Briefwechsel mit der Bayerischen Akademie der Wissenschaften, wovon es allerdings heute keine archivalischen Spuren gibt.

Im Jahre 1775 erscheint Paradis wieder als Herausgeber, nämlich der Zeitschrift *Geist der Journale*, die nur in diesem Jahr in sechs voluminösen Bänden erschienen war und dann eingestellt wurde.[112] Der große Umfang dieses Periodikums mag auch die lange schöpferische Pause des Herausgebers erklären. Als Mitherausgeber zeichnete Stephan Brandt (1738–1813), der seit 1761 Priester in Bonn war und ab 1777 als französischer Sprachlehrer am akademischen Gymnasium in Mittau (Kurland) wirkte.

In dieser Zeitschrift sind Artikel vor allem aus deutschen und französischen Zeitschriften wie: *Der deutsche Merkur* und *Frankfurter gelehrte Anzeigen* sowie *Mercure de France*, *Journal des Savans*, *Année littéraire* und *Journal encyclopédique* erneut abgedruckt, wobei alle fremdsprachigen Texte ins Deutsche übersetzt wurden. Vor diesem Hintergrund hatte Paradis den *Manuel* veröffentlicht, um den Übersetzern den Fachwortschatz zu vermitteln. Im ersten der alle zwei Monate erscheinenden Bände las man auf Seite 5 das angedachte Schema der Bände:

„Ich schlage ein Journal von 15 Hauptabschnitten vor, derer Titel niemals verändert wird, und worunter die gelehrten Sachen sowohl, als die zur menschlichen Bequemlich-

---

[110] Zu der Zeitschrift gibt es eine fundamentale Arbeit von François LABBÉ, La Gazette littéraire de Berlin (1764–1792), Paris: Honoré Champion, 2004.
[111] Diese Gesellschaft existierte von 1765–1802.
[112] Die Einlassung von SCHRÖDER (1992: 276), dass die Zeitschrift ihr Erscheinen im Jahre 1778 eingestellt habe, kann nicht bestätigt werden.

keit, Nahrung, Gewerbe, Versuche und Unternehmungen, dienliche Belehrungen, allso für alle Art Leser eingerichtet, sich paßen werden."

Das Blatt befasst sich mit Erziehungsfragen, Religion, Mathematik, Naturgeschichte, Experimentalphysik, Chemie, Jura, Medizin, Kräuterwissenschaft, Arzneikunst, Cameralwissenschaft, Münzwesen, Forstwesen, Jagdwesen, Handel, Manufakturen und Fabriken, Wirtschaft, Militärwesen sowie schönen Künsten. Man findet Rezensionen und Gedichte, auch gelehrte Nachrichten aus England, Italien und Frankreich. Die angelegte Breite missfiel deutschen Autoren und Buchhändlern so sehr, dass sie sich zusammentaten, um der Zeitschrift ein Ende zu bereiten. Der später von Paradis maßgeblich mitgestalteten *Bibliothèque du Nord* entnehmen wir dazu folgende Einlassung von Paradis:

„L'auteur de 'L'Esprit des journaux' était un François: Il déplut aux auteurs et aux libraires allemands qui se liguèrent pour faire tomber son ouvrage."[113]

Diese Demütigung und die früheren durch den Magistrat mochten Paradis veranlasst haben, im Jahre 1775 in Frankfurt seine gewinnträchtige Lehr- und Herausgebertätigkeit einzustellen, so dass er auch keine Steuern mehr bezahlte, was die dortigen Steuerakten ausweisen. Allerdings wohnte er noch bis zum 14. Januar 1779 in Frankfurt. An diesem Tag vermerken die Steuerakten seinen Fortgang nach Homburg.[114]

---

[113] Zitiert nach SCHRÖDER 1992: 276.
[114] Nach RÜDIGER 1908: 250.

5. Die Homburger Zeit

Als Nicolas Hyacinthe Paradis gewärtig wurde, dass er in Frankfurt keine berufliche Chance mehr gewinnen konnte, die ihm sein sanguinisches Temperament wohl selbst auch verbaute, wohnte er zwar zunächst weiter in der Großstadt, streckte aber seine Fühler nach dem nahe im Taunus gelegenen Homburg vor der Höhe aus. Dabei war er bestrebt, wieder seine Fähigkeiten als Lehrer und als Journalist und Wissenschaftsorganisator einzubringen. Deshalb kontaktierte er den regierenden Fürsten von Hessen-Homburg, den Landgrafen Friedrich V. Ludwig (1748–1820), der im Homburger Schloß residierte.

Exkurs: Achtung! An dieser Stelle ist auf eine Gefahr der Täuschung aufmerksam zu machen, der Karl Schwartz (1888: 144) aufgesessen ist. Dieser erwähnt und zitiert einen Auszug aus des Homburger Kabinettssekretär Armbrüsters Tagebuch[115], auf das wir weiter unten noch zu sprechen kommen werden:

> „14. Juni 1791 hat der Herr Landgraf an Madame de Guibal née Paradis zu Ruffach geschrieben und ihr 5 neue Louisd'or geschickt."

Die diesbezügliche Korrespondenz befindet sich im Hessischen Staatsarchiv Darmstadt[116], wobei der Homburger Kanzleisekretär Johann Heinrich Armbrüster (1716–1793) ein kleines Detail übersehen hat, nämlich dass Madame de Guibal die Briefe immer mit „veuve de Guibal née de Paradis" unterschrieben hatte. Das heißt, sie war die Witwe von (monsieur) Guibal und eine Geborene de Paradis. Hier haben wir es in der Tat mit einer ganz anderen Familie zu tun. Im Stadtarchiv von Homburg werden zwei Briefe vom 30. März 1761 bzw. 17. Juli 1761 an den Landgrafen aufbewahrt, die mit „chr. de paradis" unterzeichnet sind und bei denen es sich um Kriegsberichterstattung aus dem Siebenjährigen Krieg handelt. Der mit dem Landgrafen in Freundschaft verbundene Unterzeichnende war der Obristlieutenant im in französischen Diensten stehenden Regiment Diesbach, der Chevalier de Paradis, dessen Tochter die später verheiratete und vom Landgrafen unterstützte Guibal war, die am 14. Februar 1792 im

---

[115] Tagebuch der Postein- und -ausgangsvermerke und anderer Einträge.
[116] Signatur: D 11, Nr. 124/8.

elsässischen Rouffach verstarb.[117] Wir haben es also mit zwei unterschiedlichen Paradis zu tun, einem adligen und einem bürgerlichen. Zu dem bürgerlichen gesellen wir uns jetzt wieder.

Nicolas Hyacinthe Paradis bot sich als Französischlehrer an, und, wie gehabt, verfasste er zu diesem Zweck erneut ein Lehrbuch, jetzt mit dem Titel *Essai d'une nouvelle méthode pour l'étude de la Grammaire françoise dédié à L. Altesses les Princes Frédéric Louis et Louis Guillaume de Hesse-Hombourg par un membre de la Société patriotique de ce nom*, Hombourg èz-Monts 1778. Dieses Werk war den beiden ältesten Söhnen des Landgrafen Friedrich V. gewidmet.[118] Es ist davon auszugehen, dass Paradis mit dem Beginn seiner beruflichen Zukunft in Homburg im Jahre 1775 mit dem Verfassen dieses Lehrbuches begonnen hat. Und möglicherweise hat er die beiden Knaben des Landgrafen auch unterrichtet. Zudem hat er das Buch namens der Société Patriotique de Hesse-Hombourg herausgegeben.

Der Vorschlag zur Gründung dieser wissenschaftspropagierenden, aufklärerischen, gemeinnützigen Société Patriotique[119] stammte von Paradis, der diese Anregung dem Landgrafen vortrug und in diesem einen aufgeklärten, der Wissenschaft zugewandten Herrscher fand, der diese Initiative dergestalt förderte, dass die Gesellschaft Mitte 1775 entstand und am 18. November 1775 mit einer Anordnung juristisch begründet wurde, die der Kanzleidirektor H.A. Doering und der Regierungsberater Elias Neuhoff unterschrieben. Der Text wurde im Jahre 1776 in Homburg gedruckt und unter dem Titel *Etablissement, Loix et Statuts de la Société Patriotique de Hesse-Hombourg pour l'encouragement des connoissances et des mœurs: avec approbation et sous la protection de son Altesse Sérénissime Monseigneur le Landgrave régnant* mit dem Leitspruch der Société *Amor & Labor* publiziert.

---

[117] Diese Information verdanke ich Herrn Jean Marie MERCKLING, dem Gesundheitsdezernenten der Stadt Rouffach, und Herrn FAUST, dem ehemaligen Archivar dieser Stadt.
[118] Der älteste Sohn war Friedrich Joseph Ludwig Carl August (1769–1829), der von 1820 bis 1829 als Friedrich VI., der regierende Landgraf von Hessen-Homburg, die Geschäfte führte. Der Zweitgeborene war Ludwig Wilhelm (1770–1839), der von 1829 bis 1839 regierte.
[119] Die Geschichte der Société Patriotique hat VOSS (1980) in fundierter Weise recherchiert und beschrieben. Ihm verdanke ich mannigfaltige Anregungen.

In der Präambel zu dem Text wird der Zweck dieser Gründung deutlich, nämlich ein gemeinsames Zentrum für die europäischen forschenden und gemeinnützigen Institutionen und Einzelpersonen zu schaffen und eine Sammelstelle für herausragende und zukunftsweisende Schriften zum Zweck der Veröffentlichung zu bilden. Damit bildete die Gesellschaft eine *Creatio ex nihilo*, denn eine so angedachte und gestaltete Organisation als europäischer koordinierender Dachverband existierte noch nicht. Wohl gab es in vielen deutschen wie auch europäischen Städten dem Gemeinwohl verpflichtete, wissenschaftsorganisierende und auch spezialisierte Gesellschaften, die jedoch nur für sich und ihr enges Umfeld im Sinn der ökonomischen, moralischen und politischen Nützlichkeit wirkten. Die zweite Hälfte des 18. Jahrhunderts war die hohe Zeit solcher Gründungen: man denke an die in Hamburg 1765 gegründete *Hamburgische Gesellschaft zur Beförderung der Künste und nützlichen Gewerbe*, an die 1789 in Lübeck gegründete *Gesellschaft zur Beförderung gemeinnütziger Tätigkeit*, an die 1777 gegründete *Gesellschaft für das Gute und Gemeinnützige Basel*, an die 1753 in London gegründete *Royal Society for the encouragement of Arts, Manufactures and Commerce*, an die schon 1731 in Dublin gegründete *Society for improving Husbandry, Manufactures and other Useful Arts*, an die 1764 in Celle gegründete *Sozietät und Landwirtschaftsgesellschaft*, an die 1771 gegründete *Patriotische Gesellschaft in Schlesien*, an die *Patriotische Gesellschaft zu Kiel* von 1787, an die *Ökonomische Gesellschaft Bern* von 1759 und sehr viele andere im In- und Ausland.

Der Begriff „patriotisch" ist dabei nicht im heutigen Sinn von „national", „volksbewußt" und „vaterlandsliebend" zu verstehen, wohl aber im Sinn von „dem Gemeinwohl verpflichtet". Der ubiquitäre Charakter des Gesellschaftswesens, wie es Paradis als Verbindungsmann deutscher Publikationsorgane mit französischsprachigen erkannt hatte, bildete die Basis für die Idee einer organisatorischen Zusammenführung; wir lesen (Paradis 1776: 3):

> „Il y a longtems qu'on sent la nécessité d'un centre commun de communication & d'un dépôt commun pour l'encouragement *des Conoissances & des Mœurs*; c'est ce besoin qui a donné lieu à la naissance de notre *Société patriotique*."

Die bislang unterentwickelte Kommunikation zwischen den Gesellschaften und einzelnen engagierten Bürgern und Wissenschaftlern muß in dem großen Europa zugunsten der kosmopolitischen gesellschaftlichen Nützlichkeit aller aufgegeben werden:

> „[...] l'homme utile est l'homme de la société universelle, le citoyen de la patrie universelle, dès qu'en effet il est de la plus grande utilité possible pour lui & pour les autres; c'est ce que nous entendons par *Patrie*, & par *Société patriotique* une société d'hommes devoués au service de tous les autres hommes faits pour s'être d'une utilité réciproque;"
> (4)

Die Überwindung der Isolierung der ubiquitären Gesellschaften durch einen organisierenden Kristallisationspunkt hat sich die gerade gegründete Homburger Gesellschaft zur Aufgabe gemacht (5):

> „Il faut donc un point de réunion pour une correspondance vaste & bien entendue entre les Sociétés de différens pays éloignés & étrangers les uns aux autres: c'est l'objet de notre Institut: & comme ce ne sauroit être la tâche d'un seul homme, plusieurs citoyens de diverses contrées se sont réunis pour travailler de concert à faciliter la circulation & la publicité des Objets relatifs aux siences, à l'économie & aux arts tant libéraux que méchaniques; & le but que se propose la *Société patriotique de Hesse Hombourg* est de rendre ces objets d'une utilité plus universelle en se chargeant d'une partie de la correspondance de toutes les autres sociétés, [...]."

Der Landgraf hatte in seinem Schloß einen Raum für die Gesellschaft zur Verfügung gestellt, von dem aus Paradis eine intensive Korrespondenz mit dem Ziel startete, Mitglieder zu werben. Und innerhalb weniger Jahre stieg die Mitgliederzahl auf 600, darunter zahlreiche namhafte Wissenschaftler des In- und Auslands. Paradis wurde als Organisator zum ständigen Sekretär bestellt, wobei sein Aufgabenfeld so umschrieben wird (10):

> „Ce sera au sécretaire perpetuel à soigner la correspondance, à publier les mémoires jugés dignes de l'impression, & à signer les diplômes des Récipiendaires [...]."

Um die Schriften der Mitglieder zu publizieren, war die Herausgabe von *Mémoires* angedacht. Überdies wollte Paradis auch seine Erfahrungen als Zeitschriftenherausgeber, als Journalist und als Korrespondent zahlreicher Zeitungen und Zeitschriften einbringen. Dazu schreiben die Statuten (12):

> „Non seulement les ouvrages & les découvertes dignes de l'impression que la Société recevra de ses membres externes & internes, seront insérés dans un ouvrage particulier destiné à cet effet, aussi bien que le précis des mémoires des Sociétés les plus connues & les plus utiles; mais la Société aura soin aussi, pour se conformer d'avantage à l'esprit de l'institut, de faire connoitre ces objets, & de leur assûrer une publicité plus générale, par la voie des journaux les plus répandus des principales langues des pays où florissent le plus les sciences, l'économie, les arts & les mœurs."

Seit Jahren arbeitete Paradis als Korrespondent der *Gazette Universelle de littérature, aux Deux-Ponts*, die kurz als *Gazette des Deux-Ponts* bezeichnet wurde und unter diesem Namen von 1770 bis 1777 jeweils montags und donnerstags, in Zweibrücken erschien und am Ende auf acht Bände angewachsen war. Die *Gazette* erhob mit eigenen Worten den Anspruch zu werden „en quelque sorte, le dépôt commun de l'Europe savante [et] réunir les membres de la République des Lettres en réunissant leurs travaux"[120]. Da sind also erstaunliche parallele Ansätze zu dem Homburger Vorhaben zu erkennen. Es handelt sich um eine Art Rezensionsorgan, wo auf dem Sektor der Wissenschaften die Gebiete Theologie, Rechtsprechung, politische Ökonomie, Naturgeschichte, Mathematik, Philosophie, Moral, Medizin, Physik, Botanik und Jura abgehandelt werden. Der Sektor Literatur umfasst Geschichte, Poesie, Theater, Roman. Beim Sektor Künste findet man Chirurgie, Handel, Briefschreibkunst und Zweige der Technik. Paradis war ein fleißiger Beiträger; als bedeutendster Korrespondent ist Voltaire bekannt. Die Zeitung war insbesondere der französischen Enzyklopädie verpflichtet, die ausführlich besprochen wurde. Als einer der Verantwortlichen zeichnete der Verlagsbuchhändler Le Tellier verantwortlich, der zugleich Chef der Société Typographique von Zweibrücken war. Ihn hatte Paradis im Auge, als er für die Homburger Gesellschaft eine Druckerei suchte. Die Zweibrücker Literaten wurden Mitglieder der Société Patriotique und bildeten eine Zweigstelle. Die Homburger Organisation sah vor, dass sie selbst den Chef-Comité bildete, während in den einzelnen Ländern Hauptkomitees entstanden und eben Zweigkomitees in untergeordneten Einheiten. In Paris entstand das französische Hauptkomitee unter der Leitung des Arztes Jean Goulin (1728–1799) und des Abbé Alexandre Joseph Bassinet (1734–1815) im Jahre 1777 als *Grand Comité de France*, dem eine Reihe von Zweigkomités unterstanden, so in Nancy mit dem Naturwissenschaftler Willemet an der Spitze oder im lothringischen Clermont-en-Argonne mit Paradis' Bruder, dem Abbé Nicolas Paradis, an der Spitze. Das Postbuch der Gesellschaft, den Diplomversand betreffend, vermerkt (Bl. 176v) unter dem 28. Oktober 1777: „Mr Paradis, Curé de la Paroisse de Paroy, écrit fraternellement ses remerciémens, il parle naturellement et à cœur ouvert et mérite d'être lu".

---

[120] Zitiert nach WAGNER (1991: 463).

Sehr bald schon tat sich das Chef-Komitee mit der Stockholmer patriotischen Gesellschaft zusammen (am 20. Juli 1776), dessen Vorsitzender, der Wirtschaftshistoriker und Naturwissenschaftler Adolph Modéer (1738–1799), allein 82 Mitglieder mitbrachte. Die Stockholmer Gesellschaft *Kungligaa Patriotiska Sällskapet* war im Jahre 1766 gegründet worden; Modéer wurde im Jahre 1770 deren Vorsitzender. Am 6. Mai 1776 hatte Paradis dieses Schreiben nach Stockholm geschickt, um für die Homburger Gesellschaft zu werben:[121]

„Messieurs,

S.A.S. Msgr.[122] le Landgrave Régnant aiant trouvé bon d'approuver et de prendre sous sa protection un institut consacré, sous le titre de Société patriotique &c, au service de tous autres établissemens utiles; et cette société m'aiant fait l'honneur de me confier l'emploi de son secrétaire perpétuel. Je prends la liberté de Vous communiquer en son nom le plan et les loix de cette nouvelle association pour Vous prier, Messieurs, de vouloir bien concourir à sa perfection et à ses succès.

En qualité de correspondant de plusieurs autres sociétés et de différens établissemens littéraires et économiques, nommément les 'Ephémérides du Citoyen' et la 'Gazette d'Agriculture' de Paris, du 'Journal littéraire' de Berlin dédié au Roi, des feuilles des Deux ponts &c, je me suis déjà efforcé de me rendre utile à Votre illustre institut par la publication des procédés, des découvertes utiles et de tant de traits de bienfaisance qui rendent Votre institut si respectable.

La Société patriotique de Hesse souhaiteroit d'être en correspondance suivie avec la Vôtre et de compter quelques uns de Vos membres au nombre des siens, pour être plus à même de remplir son objet.

C'est dans cette vue, Messieurs, que je suis chargé de Vous faire passer 2 explr. de nos règlemens, l'un pour rester à la société, et l'autre pour inscrire les noms de ceux de Messieurs vos membres qui voudront s'unir à nous pour le bien des deux instituts.

Nous espérons que Vous daignerez concourir à l'exécution d'un plan fait pour être un jour d'une vraie utilité. Il existe déjà plusieurs comités du nouvel institut en différens pays, comme on le verra par les détails de la première assemblée générale.

J'ai l'honneur d'être avec beaucoup de respect,
       Messieurs,
        Votre très humble
        et très obéissant serviteur
        Paradis
        secrétaire de la Société patriotique
        de Hesse

A Francfort ce 6 mai 1776"

---

[121] Vorhanden im Stockholmer Riksarkivet, wo diese Akten leider unerschlossen sind, weshalb für die Recherchen ein gewaltiger Zeitaufwand vonnöten ist. Signatur: Riksarkivet Stockholm, Signatur: E VI, Övr. Inkommna handl. 1776, Band 20, 6.5.1776.

[122] Son Altesse Sérénissime Monseigneur.

Im Zuge dieser Demarche war Paradis auch Mitglied der Stockholmer Gesellschaft geworden. In diesem Zusammenhang nutzte er sein Dankesschreiben[123] an Modéer vom 15. September 1776, um noch einmal die Homburger Gesellschaft Gesellschaft zu präsentieren:

„Monsieur,

La Société Patriotique de Hesse-Hombourg, aiant examiné et votre lettre et les pièces qui y étoient jointes, me charge de Vous marquer combien elle a été sensible à l'honneur que lui fait la Société royale patriotique de Suède. Elle Vous supplie, Monsieur, d'assurer ce corps respectable, qu'elle ne négligera rien pour se rendre digne de la confiance dont on l'honore, et quelle s'appliquera à concourrir de toutes ses forces à l'utilité de tous les établissemens formés par l'amour de l'humanité pour le bien des connoissances utiles.

En mon particulier, Monsieur, je suis infiniment flatté que cette circonstance m'ait procuré l'honneur d'être Votre Confrère; J'espère que l'amitié nous lira [recte: liera] de jour en jour plus étroitement pour l'avantage des deux instituts.

Après avoir rendu de très humbles actions de graces à la Société patriotique de Suède de l'honneur qu'elle a fait à l'institut de Hombourg j'ai encore quelques explications à faire.

Ce dernier institut est une grande association de plusieurs corps isolés, repandus dans les différents états de l'Europe.

Chacune de ces Sociétés particulières forment un comité, composé de protecteurs éclairés, de savans laborieux, d'habiles artistes et de citoyens bienfaisants, aiant un Directeur et un Secretaire.

Hombourg est le chef-lieu de la Société, et Deux-Ponts le dépôt des travaux de tous les comités: Hombourg et Deux-Ponts ne forment qu'un seul et même comité, à cause des avantages de la position réciproque de ces deux endroits, tout parce qu'il y a aux Deux-Ponts une belle imprimerie qui y a été transférée de Paris, et une Société respectable de Savans éclairés et laborieux, connus par les gestes françoises de l'endroit et encore plus par différentes productions estimées des Littérateurs de goût.

Notre Société, Monsieur, désire ardemment qu'il se forme à Stockholm un Comité présidé par un directeur et aiant un secretaire, comme tous les autres comités: elle souhaite de même qu'il y ait de pareils comités dans toutes les villes où la Société patriotique de Suède a des membres.

Après la publication du resultat de la première séance générale de la Société de Hesse-Hombourg, vous serez parfaitement instruit. En même tems Vous recevez tous les diplômes, et Vous serez entièrement au fait.

Je n'ai plus rien à ajoûter si ce n'est que notre Société se fait un plaisir sensible de Vous compter au nombre de ses membres, et que pour ce qui me regarde, je ne cesserai jamais d'être avec autant d'estime que d'amitié et d'attachement,

Monsieur,
Votre très humble et très obéissant serviteur

---

[123] Riksarkivet Stockholm, Signatur: E VI, Övr. Inkommna handl. 1779, Band 23, 15.9.1776.

Paradis

A Deux-Ponts le 15 ⁷bre 1776
Mon adresse à Hombourg-es monts
près Francfort"

Dank der Vermittlung durch Modéer wurde Paradis am 29. September 1777 auch Mitglied der Société Patriotique de Gothenburg (Göteburg).

Im Jahre 1777 stieß die sittlich-ökonomischen Gesellschaft von Ötting-Burghausen zur Homburger Gesellschaft, der Paradis schon seit 1772 angehörte und die er über die Homburger Gründung unterrichtet hatte.

Im kroatischen Varaždin entstand 1777 ebenfalls ein Zweigkomitee, das allerdings nur aus einer Person, dem Abbé Johann Anton Raispe (1736–1786), bestand. Der Jesuit Johann Anton Raispe wirkte von 1776 bis 1786 im kroatischen Varaždin als Gymnasialdirektor; von ihm haben wir eine deutsche Grammatik aus dem Jahre 1772: *Nemška gramatica, oder Anfangsgründe der deutschen Sprachkunst, zum Gebrauche der croatischen Jugend,* publiziert in Wien bei Joseph Kurtzboek. Schon im Jahre 1777 also (am 27. April)[124] hatte sich Raispe um einen Kontakt mit der Homburger Gesellschaft bemüht und die Bildung eines kroatischen Komitees vorgeschlagen.

Auch aus dem mährischen Brünn kam die Nachricht, daß der dort ansässige Graf Max von Lamberg (1729–1792) der Homburger Gesellschaft beigetreten war und die Gründung eines Zweigkomitees ins Auge fasste. In Straßburg bildete sich ein Zweigkomitee unter der Leitung des Historikers Abbé Philippe André Grandidier (1752–1787).[125] Die Straßburger Société des Phylantropes war der Homburger Gesellschaft beigetreten ebenso wie die Académie Royale de Lyon und ein Comité de Lyon, das von dem berühmten französischen Chemiker Louis Bernard Guyton de Morveau (1737–1816)[126] gegründet worden war. Vergeblich bemühte sich Paradis allerdings um die Mitarbeit der Bayerischen Akademie der Wissenschaften, allein deren Direktor der Belletristischen Klasse,

---

[124] Hessisches Staatsarchiv Darmstadt, Bestand D 11, Nr. 128/16.
[125] Über das Verhältnis von GRANDIDIER und PARADIS berichtet Jürgen VOSS (1978) ausführlich.
[126] Zu GUYTON DE MORVEAU vgl. Jürgen STOROST, Guyton de Morveau. Ein Reformator der Chemiefachsprache, in: Jürgen Storost, In memoriam Vladimiro Macchi. Aspekte der Wissenschaftsgeschichte. Ausgewählte Sujets, Bonn: Romanistischer Verlag, 2008, Seiten 259–266.

Ludwig Alexander von Savioli-Corbelli (1742–1811), lehnte mit wohlgesetzten Worten ab.[127]

Als herausragende Einzelpersönlichkeit sei noch der bedeutende französische Naturwissenschaftler, Musiker und Komponist Bernard Germain Etienne de la Ville-sur-Illon, comte de Lacepède (1756–1825) genannt.[128] Er wird im Leben von Paradis in Kürze eine bedeutende Rolle spielen. Durch Vermittlung von Lamberg erhielt der berühmte Schweizer Wissenschaftspublizist, Botaniker und Arzt Albrecht von Haller (1707–1777) im Jahre 1777 kurz vor seinem Tod das Mitgliedsdiplom. Vom bayerischen Landshut aus schickte Lamberg an Haller das Mitgliedsdiplom und begleitete am 3. September 1777 die Gabe mit den die Patriotische Gesellschaft heraushebenden Worten:

„Voici en attendant un homage non equivoque d'une société naissante qui par la droiture de ses vues merite peut etre d'etre encouragée par un genie. Acceptez de grace le Diplome que voici que la Société patriotique de Hesse Hombourg me charge de vous faire parvenir en vous presentant ses respects: J'ose me joindre à Elle pour vous prier de contribuer de tout votre pouvoir par vous meme et par vos amis à la propagation de cet institut naissant qui je crois vous en avoir parlé, peut devenir un des etablissements des plus utiles de l'europe."[129]

Und nach Homburg übermittelte Lamberg (1778: 54) Hallers Dank:

„Il me chargea de remercier en son nom cette société naissante, sur le diplome: 'C'est de vos mains que je reçois le don de Brevèt de Reception à la société de H.H., m'écrivit-il, j'y mets un prix, c'est de votre comité que je veux dépendre, vous ne me refuserez pas le plaisir que j'en aurai; toute amitié est exigeante, la mienne n'a pas de bornes' [...]."

Ferner wurden Kontakte zur Kasseler Altertümergesellschaft (sie existierte von 1777 bis 1806), zur Kaiserlichen Akademie der Wissenschaften in Sankt Petersburg, zur Berliner Akademie der Wissenschaften, zur Mannheimer Akademie der Wissenschaften, zur Ökonomischen Sozietät in Kaiserslautern, zur Leipziger und zur Göttinger Akademie der Wissenschaften geknüpft.

---

[127] Der entsprechende Briefwechsel befindet sich im Archiv der Bayerischen Akademie der Wissenschaften unter dem Datum des 5. Juli 1777.
[128] Über LACEPÈDES Leben informiert man sich ausführlich bei MICHAUD (1968).
[129] Bürgerbibliothek Bern, N Albrecht von HALLER 105.33.

Der Hessen-Homburgische Regierungsrat und Mitglied des Homburger Chef-Komitees Elias Neuhof (1724–1799) würdigte am 6. März 1778 zu Recht die Leistung von Paradis mit diesen Worten:[130]

> „Mann kann dem Herrn Hofrath Paradis nicht absprechen, dass er einen würksamen Geist habe, und durch seinen fleißigen Briefwechsel viel gutes für die Gesellschaft auswürken könne. Wir haben hier niemand, der dergleichen so emsig besorgen würde [...]."

Und in der Tat: Im Jahre 1777 erschien das Programm (Paradis 1777) der Gesellschaft, dem (Seiten 19 bis 56) eine beeindruckende Liste der schon beigetretenen Mitglieder angefügt ist.

Dieses Programm schickte Paradis an alle potentiellen Mitglieder und stellte das Ziel der Homburger Gesellschaft wie folgt dar (Paradis 1777: 4):

> „En se chargeant de distribuer dans les principales parties de l'Europe les lumieres des Sociétés Savantes, les observations & les découvertes particulieres de leurs Membres, les ouvrages des Savants & des Artistes, & les actions louables des bons Citoyens, *la Société-Patriotique* servira également & le public, & la gloire des Sociétés, & celle des particuliers, & les progrès des mœurs: les Membres qui la composent trouveront le prix de leurs travaux, dans la gloire de se rendre utile."

Der Plan sieht vor, die genannten Früchte der Mitglieder zu veröffentlichen, wofür eine Zeitschrift mit dem Titel *Mémoires de la Société-Patriotique de Hesse-Hombourg, pour l'encouragement des connoissances & des mœurs* vorausgedacht wird. (Sie sollte allerdings nie Realität werden.) Überdies denkt das Programm auch an die Herausgabe einzelner Bände unter dem Titel *Actes de la Société-Patriotique* (ebenfalls nie realisiert). Als Sprachen der Veröffentlichungen werden akzeptiert: Latein, Englisch, Deutsch, Französisch, Spanisch oder Italienisch.

Mit dem Druck dieser Schriften sollte das Zweibrücker Komitee beauftragt werden, an dessen Spitze der Chef der „Société Typographique des Deux-Ponts", Jean François Le Tellier, stand. Allerdings war er nicht bereit, dem Homburger Wunsch zu entsprechen, in Homburg eine Druckerei für die Gesellschaft einzurichten, weswegen es zunächst auch keine Druckaufträge gab, wohl auch, weil sich in Homburg bis dahin zu wenig Material angesammelt hatte. Stattdessen beging Le Tellier den Fehler, im Namen der Homburger Sozietät

---

[130] Hessisches Staatsarchiv Darmstadt, Bestand D 11, Nr. 128/10, Bl. 54v.

eigenmächtig Werke zu drucken. Dieses Faktum leitete den Bruch mit Homburg ein. Es kam zu heftigen Auseinandersetzungen und Intrigen zwischen Zweibrücken und Homburg, unter denen Paradis so sehr zu leiden hatte, dass er gezwungen war, sich immer wieder zu rechtfertigen.

Inzwischen wurde das Pariser Hauptkomitee aktiv, da in Homburg keine Druckmöglichkeit bestand. Mit Unterstützung von Paradis wurde im Namen der Homburger Gesellschaft im Jahre 1777 mit der Vorbereitung und Herausgabe eines Periodikums in Paris begonnen, zu dem Paradis wesentliche Beiträge lieferte und das mit monatlich einem Band ab Januar 1778 auf dem Markt erschien. Es trug den Titel *Bibliothèque du Nord*. Im Jahre 1778 erschienen zwölf stattliche Bände; im Jahre 1779 erfuhr die Publikation eine Unterbrechung; und 1780 erschienen noch zwei vom Pariser Komitee redigierte Bände, womit das Periodikum eingestellt wurde, da sich Paradis von den Arbeiten zurückgezogen hatte und keine Impulse mehr gegeben waren. Auf dem Titelblatt wurde der Titel ergänzt oder präzisiert:

„Ouvrage destiné à faire connoître en France tout ce que l'Allemagne produit d'intéressant, d'agréable & d'utile dans tous les genres de Sciences, de Littérature et d'Arts. Par la Société Patriotique de Hesse-Hombourg. Dédié à Son Altesse Sérénissime Monseigneur le Landgrave de Hesse-Hombourg, Chef & Protecteur de cet Institut.
A Paris. Chez Quillan, Imprimeur de Son Altesse Sérénissime Monseigneur le Prince de Conti, rue du Fouarre."

Noch im Jahre 1777 wurde ein *Prospectus* unter dem obigen Titel veröffentlicht. Als Herausgeber figurierte dort allerdings „Par une Société d'Hommes de Lettres". Das sich im Hessischen Staatsarchiv Darmstadt befindliche Exemplar[131] trägt die handschriftliche Korrektur „Par la Société Patriotique de Hesse-Hombourg".

Das Periodikum wendet sich an die Intellektuellen, die zum Nutzen der Gesellschaft arbeiten; sie müssen ihre Entdeckungen, ihre Ideen und den Geschmack anderen Völkern mitteilen, damit auch diese davon profitieren können. In der Erkenntnis, daß internationale Kontakte und intellektueller Austausch Impulse für eine wechselseitige kulturelle Entwicklung bieten werden, wird dem Publikum aus diesen Gründen die Lektüre der *Bibliothèque du Nord* anempfohlen. Mit dem Blick nach Frankreich wird deutlich, dass die Franzosen gute Bü-

---

[131] Bestand D 11 Nr. 128/10, Bl. 14f.

cher aus Deutschland nicht kannten. Dieses Faktum ist im übrigen darauf zurückzuführen, dass im 18. Jahrhundert das Französische die Universalsprache in Europa war; d.h. in Europa sprach man französisch, so dass sich die Franzosen informieren konnten und es nicht nötig hatten, sich Fremdsprachen anzueignen. Damit verschlossen sie sich aber auch einem guten Teil ausländischer Werke. Und gerade die Frankreich benachbarte Nation, nämlich Deutschland, habe zwar enge Beziehungen mit Frankreich, während sich der Geschmack der Deutschen jedoch kaum vermittelte. Und gerade in der Gelehrtenrepublik habe Deutschland viel zu bieten. Dazu stellt Paradis die Homburger Sozietät kurz vor und betont deren Motivation, Gelehrte zusammenzuführen und deren Werke bekanntzumachen (Paradis 1777: 2f):

> „[...] c'est par leur secours que nous nous flattons de procurer à nos Lecteurs la connoissance la plus parfaite de l'état où sont actuellement les Sciences & les Belles-Lettres dans cette vaste & florissante partie de l'Europe; ensorte que nous pouvons dire avec vérité, que si la *Bibliothèque du Nord* est rédigée & imprimée à Paris, elle sera composée toute entière en Allemagne.
> Nous ferons donc connoître les meilleurs Ouvrages sortis de nos jours des Presses Germaniques, & qui traiteront de quelqu'un des objets suivants, savoir: de Philosophie, de Physique, d'Histoire Naturelle, de Botanique, de Chymie, de Médecine, de Logique, de Métaphysique, de Morale, de Religion, de Droit naturel ou civil, de Politique, d'Economie, de Gouvernement, d'Histoire, de Géographie, des Fictions Romanesques, d'Eloquence & de Poésie en tout genre; enfin, des Arts quelconques, soit libéraux, soit méchaniques."

Nach dieser Aufzählung der Disziplinen, die das Periodikum in Aussicht stellt, spezifiziert das Programm jene Länder, aus denen die Informationen gesammelt werden, nämlich aus Schweden, Dänemark, Rußland, Holland, England neben Deutschland. Der Vertrieb der Zeitschrift erfolgt über Jacques Quillaud, den Verlagsbuchhändler der Pariser Universität.

Gleichzeitig wurde in Homburg vermutlich von Friedrichs Ehefrau, Caroline von Hessen-Darmstadt (1746–1821), ein Werk angestoßen, das die Patriotische Gesellschaft ausführen sollte und dessen erster Bogen im August 1778 erschien und verschickt wurde. Es handelt sich um den *Mémorial de l'Europe pour l'année bissextile 1780*, der als Gesamtwerk im Jahre 1780 vorlag und unter dem Datum des 1. Januar 1780 der Regierenden Landgräfin von Hessen-Homburg gewidmet war. Die Widmung war mit „Les Membres composant le Chef

Comité de la Société-Patriotique de Hesse-Hombourg" unterzeichnet. In der Widmung wird zu bedenken gegeben:

> „Une Société d'hommes patriotes qui se dévouent à l'utilité publique & au soulagement de l'humanité souffrante, ne doit qu'à la Vertu l'hommage de ses travaux."

Der „leidenden Menschheit" wird bereits im Titel gedacht, wo es heißt: „publié par le Chef-Comité de la Société patriotique de Hesse-Hombourg, en faveur des pauvres". In der Anfangsphase hat der Ständige Sekretär an dem Projekt mitgearbeitet. Da er jedoch immer mehr durch die Auseinandersetzungen mit der Zweibrücker Typographischen Gesellschaft in Anspruch genommen war und bei den Homburger Mitgliedern der Sozietät zunehmend umstrittener wurde, legte er die Verantwortung für den Almanach in die Hände des Homburger Prinzenerziehers und Historikers Adrien Marie François de Verdy du Vernois (1738–1814), der sich von 1775 bis 1786 in Homburg aufhielt, der Homburger Sozietät angehörte und danach nach Berlin ging, wo er 1790 in die Akademie der Wissenschaften aufgenommen wurde.[132]

Es war angedacht, von dem *Mémorial* zu Beginn eines jeden Jahres eine Fortsetzung zu veröffentlichen. Da Paradis sich infolge der Querelen schließlich aus eigenem Antrieb aus Homburg entfernte, fehlte der organisatorische Antrieb für eine Weiterarbeit, wobei auch wegen des Fehlens eines Spiritus rector die patriotische Gesellschaft überhaupt sang- und klanglos einschlief. Mit dem *Mémorial* glaubte man, eine Lücke im Repertorium der führenden europäischen Adelshäuser und Kirchenfürsten zu schließen. Der „Avant-Propos" des Buches enthält den Anspruch, der an ein solches Werk gestellt würde. Man liest:

> „C'est celui qui offriroit, sous un seul point de vue, les principaux évênemens ancienne & moderne de tous les Etats de l'Europe; la Chronologie des Princes qui les ont gouverné [sic] & qui les gouvernent; l'origine, les divisions généalogiques, l'existence actuelle des Maisons souveraines & des Maisons titrées, la Situation, l'étendue, les pro-

---

[132] Aus der Homburger Erfahrung als Pädagoge resultierte sein Werk Réflexions sur l'éducation des jeunes-gens destinés à l'état militaire, précédées d'un discours sur la nécessité de perfectionner l'art de la guerre, Berlin 1788. Als Historiker interessierte er sich über das Spektrum des Mémorial hinaus auch speziell für das Homburger Haus, und so publizierte er Examen raisonné de l'origine de l'ancienne et Sérénissime Maison Landgraviale de Hesse, in: Mémoires de l'Académie Royale des Sciences et Belles-Lettres, Classe de belles-lettres, 1797, Seiten 91–117; sowie: Recherches sur l'ancienneté et les illustrations de la Sérénissime de Hesse, in: ebenda, 1803, Seiten 55–85.

ductions, le commerce, la population & le gouvernement de ces Etats; le tarif des monnoies qui y ont cours; les mesures & les poids qui y sont en usage; la description des lieux les plus remarquables, des monumens anciens & modernes; les établissemens utiles; les découvertes & les progrès dans toutes les Sçiences & dans les Arts; l'indication des Ouvrages des meilleurs auteurs en chaque genre enfin tout ce qui peut intéresser l'homme social. [...] Ouvrage que l'on peut considérer en effet, comme un Manuel propre à l'Homme d'Etat, au Sçavant, à l'Homme du monde, au Sexe, à la Jeunesse & même à ses Instituteurs."

Das Werk enthält viel Statistik, eine Chronologie der deutschen Kaiser, der Kurfürsten, der Kirchenfürstentümer auf deutschem Boden sowie am Schluß einen alphabetischen Personenindex der zeitgenössischen Prinzen und Prinzessinnen, Grafen und Gräfinnen.

Das Homburger Chef-Komitee tagte regelmäßig, um organisatorische Fragen zu erörtern und um sich gelehrte Vorträge anzuhören. Im Hessischen Staatsarchiv Darmstadt ist das Manuskript eines Vortrags von Paradis überliefert, in dem der Redner am 2. November 1778 *sur les mœurs en général et en particulier, sur quelques points de la religion des anciens peuples de la Germanie et du nord* sprach (Paradis 1778a). Hinsichtlich der skandinavischen Mythologie verwies Paradis auf den dänischen Historiographen Peter Frederik Suhm, „qui a rendu des services essentiels à la littérature danoise"[133], und erklärt sich bereit, bei bestehendem Interesse weitere Vorträge zum Thema zu halten. Die skandinavischen Sprachen seien zu wenig bekannt, als dass man Suhms Werke im Orginal lesen könnte. Mit der nordischen Mythologie hatte sich Suhm in seinem Werk *Om Odin og den hedniske Gudelære og Gudstjeneste udi Norden* [Über Odin und die heidnische Götterlehre und den Gottesdienst im Norden], Kopenhagen 1771, befasst, das Paradis sicherlich kannte, was bedeutet, dass Paradis immer noch an dänischen, respektive skandinavischen Fragen interessiert war.

Im Jahre 1779 verließ die Familie Paradis Frankfurt und zog nach Dornholzhausen, einem Waldenserdorf in unmittelbarer Nähe von Homburg, das heute in Homburg eingemeindet ist. Die Waldenser lebten im Mittelalter vor allem im Languedoc, hatten sich der Reformation angeschlossen und wurden in der zweiten Hälfte des 17. Jahrhunderts ausgesiedelt. Im Jahre 1699 erlaubte der

---

[133] Hessisches Staatsarchiv Darmstadt, D 11, 128/11, Bl. 59v.

Landgraf Friedrich II. von Hessen-Homburg (1633–1708; Reg. ab 1681)[134] deren Ansiedlung in Dornholzhausen, wo sie in Armut nur von Handarbeit lebten. Noch bis ins 19. Jahrhundert hielten sie den Gottesdienst in französischer Sprache ab. Diese letztere Tatsache dürfte ausschlaggebend dafür gewesen sein, dass sich die Familie Paradis im Jahre 1779 nach dem Wegzug aus Frankfurt in Dornholzhausen niederließ. Allerdings hatte sich Paradis im Februar 1779 beim Landgrafen darum bemüht, in Homburg ein Grundstück mit Garten zu bekommen, um dort ein Haus zu bauen.[135]

Das unermüdliche und eigenständige Agieren des Ständigen Sekretärs ohne Einbeziehung oder Konsultation der übrigen Mitglieder des Chefkomitees, die Querelen mit dem Zweibrücker Komitee und dessen Ausschluß aus der Patriotischen Gesellschaft, die relative Trägheit auswärtiger Komitees, das Stagnieren des Materialzuflusses verursachten eine zunehmende Unzufriedenheit und Missmut seitens der Mitarbeiter gegenüber dem Sekretär, der nun im Februar 1779 [Voss (1980: 205): „in privaten Angelegenheiten"; Silagi (1961: 209): „doch wahrscheinlich vor allem in eigenen Geschäften"] nach Wien reiste und damit unerwartet Homburg den Rücken kehrte, d.h. er kam nicht wieder zurück, was für das weitere Schicksal der Patriotischen Gesellschaft einen schweren Schlag bedeutete, der schließlich zum sang- und klanglosen Ende der Homburger Initiative zu Beginn des Jahres 1781 führte, obwohl beispielsweise der immer sehr rührige Max von Lamberg noch weiter die Trommel für das Institut rührte und Mitglieder einwarb. Während der Abwesenheit von Paradis versammelten sich zunächst weiter regelmäßig die anderen Mitglieder des Chef-Komitees mit dem Ziel, die Patriotische Gesellschaft nicht aufzugeben; im Februar 1780 nahm man einen erneuten Anlauf in Form eines neuen Plans. Der Regierende Landgraf Friedrich V. Ludwig schrieb 1780 an Lamberg (Schlözer 1780[136]):

---

[134] Heinrich von KLEIST (1777–1811) setzte dem Landgrafen in den Jahren 1809/10 mit dem Drama Prinz Friedrich von Homburg oder die Schlacht bei Fehrbellin ein literarisches Denkmal, das die Schriftstellerin Ingeborg BACHMANN (1926–1973) zu einem Opernlibretto formte. Der Komponist Hans Werner HENZE (*1926) schuf damit die Oper „Der Prinz von Homburg", die im Jahre 1960 in Hamburg uraufgeführt wurde.
[135] Brief vom 10. Februar 1779. Hessisches Staatsarchiv Darmstadt, D 11, 128/16.
[136] Teil 7, Heft 41, Seite 275.

„J'espère que vous aurez reçu le nouveau plan que nous avons fait, par lequel nous nous flattons que la société sortira enfin de la léthargie où l'intrigue & la jalousie l'ont fait tomber. Nous ne voulons point de gloire, rien de brillant: nous ne cherchons uniquement qu'à être utiles aux hommes."

Und, wie wir gleich sehen werden, arbeitete Paradis von Österreich aus auch noch weiter an der Mehrung seiner Gründung. Mitte Februar 1779 war Paradis Richtung Wien abgereist; eine Reise, die Paradis offenbar von langer Hand vorbereitet hatte, denn er bat in einem Schreiben vom 10. Februar 1779 an den Landgrafen, dass dieser sich um die Familie kümmern solle, was Friedrich Ludwig auch ernst nahm, denn in späteren notreichen Tagen setzte er sich für Madame Paradis hilfreich ein. Am 18. Februar 1779 traf Paradis in Regensburg ein, wo sich auch ein Zweigkomitee gegründet hatte; und eine Woche später sollte er in Wien ankommen, begleitet übrigens von der ältesten Tochter Amalia und der achtjährigen Susanna. Am 11. August 1780 lesen wir in einem Brief von Paradis an seine Frau, dass die beiden Töchter zum katholischen Glauben übergetreten seien und die österreichische Staatsbürgerschaft angenommen hätten, damit sie nicht des Landes verwiesen werden könnten. Wie die Kinder wollte auch der Vater katholisch werden, aber man habe ihm in Pressburg eine Stellung angeboten, bei der es nicht notwendig wäre, der katholischen Konfession anzugehören. Die mit Karriereerwägungen begründete Leichtfertigkeit beim Konfessionswechsel legt doch ein beredtes Zeugnis über die Seriosität in Glaubensdingen des sich immer sehr religiös gerierenden Paradis ab.

Was hat es aber nun mit den von Voss angesprochenen privaten Angelegenheiten auf sich? Der Homburger Landgraf, Kultur und Wissenschaft sehr zugewandt, war mit dem berühmten französischen Naturwissenschaftler und Komponisten Bernard Germain Etienne de la Ville-sur-Illon, comte de Lacepède (1756–1825) in Freundschaft und entfernter Verwandtschaft verbunden. Dieser besuchte den Landgrafen und die Landgräfin in den Jahren 1778 und 1779. In dieser Zeit lernte er in Homburg auch den Ständigen Sekretär Paradis kennen. Eine Aussage von Lacepède dazu sollte man in seinem Memoirenmanuskript finden, das Hahn (1975) publiziert hat. Allein genau diese Seite (62) fehlt in der Manuskriptvorlage, so dass sie nicht gedruckt werden konnte. Aber wir haben eine andere Quelle zu unserer Verfügung: Im Reprint von Michauds *Biographie universelle et ancienne et moderne* von 1968 findet man im von Lacepèdes

Kollegen, dem Zoologen Achille Valenciennes (1754–1865), verfassten Artikel *Lacepède* (Band 22, Seiten 335–346) eine Fußnote mit einem einschlägigen Zitat aus dem Memoirenmanuskript:

> „Profitant des relations que j'avais en Allemagne, dit Lacépède dans ses Memoires, je m'occupai de faire vérifier par la chancellerie aulique de Vienne les titres sur lesquels était fondée la généalogie de notre maison. Un conseiller du landgrave de Hesse-Hombourg fut chargé de présenter à la chancellerie ces différents titres que je lui fis parvenir. Ce conseiller m'écrivit qu'il fallait que je renonçasse, par un acte authentique à tous les droits que pouvait me donner l'honneur que j'avais d'appartenir à la maison de Lorraine, etc., etc., excepté aux honorifiques, aux armoiries, etc., etc. D'après le conseil de mon père, je fis ce qui m'était demandé, et bientôt après je reçus ma généalogie, ornée des armes blasonnées, et certifiée par le registrateur de la chancellerie aulique, comme conforme aux titres authetiques qu'il avait vus, etc."

Die Familie Lacepède bildete einen Zweig des Hauses Lothringen und hatte den Namen des Marktfleckens Ville-sur-Illon angenommen, der in der Diözese Verdun liegt. Über das Haus Lothringen bestanden weitverzweigte Bindungen nach Burgund, Baden, Italien und Österreich. Über die gemeinsame Gegend Verdun dürften sich Lacepède und Paradis auch näher gekommen sein. Paradis hatte nun also von Lacepède den Auftrag übernommen, in der Wiener Hofkanzlei die Genealogie des Hauses Lacepède zu erforschen. Eine Nachfrage beim Österreichischen Staatsarchiv in Wien, das die Akten der k.k. Hofkanzlei verwahren sollte und wo es die Spuren von Paradis' Recherchen zu finden galt, blieb jedoch ohne Erfolg, da die betreffenden Akten „durch den Justizpalastbrand 1927 schwer beschädigt und zum Großteil vernichtet wurden"[137], womit sich wieder eine Quelle als verschüttet erwiesen hat.

Trotz aller Querelen strebte der interimistische Sekretär Armbrüster danach, die Homburger Patriotische Gesellschaft im Paradisschen Geist und mit gleichem Elan fortzuführen. Das Chefkomité tagte also zunächst regelmäßig und führte die Geschäfte weiter, wobei es sich der Illusion hingab, dass sich bei den bislang nicht realisierten Vorhaben wie der Herausgabe eines Journals und von Zeitschriften etwas ändern würde. Einen Beleg dafür finden wir in einem von Armbrüster verfassten Schreiben an die Preußische Akademie der Wissenschaf-

---

[137] Brief des Wiener Staatsarchivs vom 7. Jänner 2010 an den Autoren.

ten, das zeigt, wie weiterhin an den von Paradis erdachten Plänen festgehalten wurde. Lesen wir diesen Brief exemplarisch[138]:

„Projet de Correspondance
Entre les différentes Académies et Sociétés Litteraires, des Arts, des Mœurs de l'Europe
Et
La Société Patriotique de Hesse-Hombourg

L'objet que la Société Patriotique se propose de remplir par cette correspondance avec toutes les Académies, Sociétés litteraires, des arts, Patriotiques, économiques, des Mœurs &c. est:

1° de faire circuler plus rapidement et plus surement les résultats des travaux et des découvertes de toutes ces associations, dans les Pays-même qui leur sont les plus éloignés, et de leur communiquer par le même moyen, les productions des autres Sociétés et de tous les Savants de l'Europe.

2° d'offrir à tous les Savants particuliers, aux artistes, à toutes les personnes qui s'occupent du bien public un moyen de faire valoir leurs travaux dans toute l'Europe, et de leur procurer tous les éclaircissemens qu'ils desireroient avoir sur quelques objets et dans quelques Pays que ce soit.

Mais pour parvenir plus promptement au terme d'une spéculation qui doit intéresser à la fois et les Sçiences et les arts de ceux qui les cultivent et qui les aiment, la Société Patriotique de Hesse-Hombourg ne peut mieux s'adresser qu'aux compagnies mêmes au service desquelles elle desire se dévouer. Leur Zèle pour l'avancement des connoissances lui répond du succès de sa démarche, et c'est avec toute la confiance que lui inspire un si beau motif qu'elle réclame leurs secours.

Déjà ses correspondances sont établies en France, en Italie, en Bohême, en Hongrie, en Suède, en Russie et dans plusieurs endroits de l'Allemagne. Elle souhaite y ajouter la communication directe et immédiate avec l'Académie Royale des Sçiences & des Belles-lettres de Prusse, en tant que cette Illustre Académie voudra bien acquiescer au plan que la Société Patriotique de Hesse-Hombourg soumet à son Jugement, et qu'il ne contredira en rien ses réglemens et des usages. Ce Plan consiste :

1° Dans la Priere que fait la Société Patriotique de Hesse-Hombourg à l'Académie des Sçiences de Berlin de choisir et nommer un de ses membres pour correspondre directement et au nom de ladite Académie avec le Chef-Comité de la Société Patriotique de Hombourg.

2° De Permettre que ce Membre correspondant adresse audit Chef-Comité, tous les mois, ou à telles époques qui lui seront parues convenables, tout ce que l'Académie de

---

[138] Berlin-Brandenburgische Akademie der Wissenschaften, Akademiearchiv. Signatur: DAW (1700-1811), I-V-5b, Bl. 271-272.

Berlin jugeroit à propos de rendre public, comme, Programmes, distributions de prix, les discours et le détail des travaux couronnés, annonces et découvertes nouvelles, jugemens portés par elle sur des objets soumis à sa décision, éclaircissemens qu'elle desire se procurer sur différents objets etc.

3° De la part du Membre correspondant, de choisir à son gré les langues allemande, françoise ou latine pour cette correspondance.

4° De s'intéresser autant qu'il lui sera possible à procurer à la Société patriotique les découvertes nouvelles faites dans le Royaume de Prusse et dans les Pays circonvoisins, concernant les Sçiences, les Arts, l'Histoire naturelle, les anciens et les nouveaux monumens, les encouragemens pour les mœurs, les traits de Bienfaisance et d'humanité &c.

5° En Echange de tous ces soins le Chef-Comité offre à l'Académie Royale des Sçiences et Belles-Lettres de Prusse de faire parvenir partout où elle le desirera, ce qu'elle jugera à propos de lui envoyer par la voye de son correspondant et qui concerneroit des éclaircissemens qu'elle vouroit se procurer.

6° De lui envoyer un exemplaire de chacun des ouvrages que publiera la Société Patriotique et particulièrement d'un Journal qu'il se propose de faire paroitre lorsque la correspondance dont il est ici question, sera généralement et solidement établie, et qui se publiera sous le nom de Journal de Correspondance Académique, ouvrage précieux puisqu'il seroit celui des Académies-même, qu'il ne contiendroit par conséquent que des choses dignes d'intéresser les Savants, les vrais patriotes et les amis de la Vertu, et qu'il offriroit sous un seul point de vue le tableau immense des travaux de tant d'hommes et du bonheur de l'humanité.

7° Envers le Membre correspondant, le Chef-Comité lui promet de le dédomager des fraix de sa correspondance; de le faire participer aux récompenses d'honneur et de distinction qu'il se propose de distribuer à ceux qui auront bien voulu seconder son Zêle et partager ses soins.

Expédié en vertu de délibération du Chef-Comité
Le 20 mars 1780.

Armbrüster, faisant les
Fonctions de Sécrétaire"

In der Berlin-Brandenburgischen Akademie der Wissenschaften lässt sich nicht nachweisen, dass diese auf das Armbrüstersche Angebot überhaupt auch nur reagiert hätte. Die Akademie hatte ihr eigenes Publikationsorgan, das vorwiegend in französischer Sprache abgefasst war und sich also der damaligen Universalsprache Europas bediente und damit von allen Interessierten gelesen werden konnte.

Abschließend können wir feststellen, dass die Homburger Patriotische Gesellschaft mit ihren Aktivitäten für kurze Zeit das Zentrum der europäischen Aufklärung bildete, indem sie in diversen europäischen Ländern von Gruppen und Einzelpersönlichkeiten angestoßene wissenschaftliche Vorhaben und Arbeiten koordinierte. Die Kurzlebigkeit blieb der sich im Laufe der Jahre verstärkenden Eigenbrötelei des Spiritus rector und Generalsekretärs, einer Reihe von Intrigen, der zunehmenden personellen Größe und der Schwierigkeit, diese Menge zu koordinieren, aber auch der Trägheit vieler Mitglieder geschuldet, so dass die eigentlich gute und fortschrittliche Idee bald recht klaglos im Hades der Geschichte versank.

6. Die Wiener Zeit

In Wien lernte Paradis bald den ungarischen Patrioten Georg von Bessenyei (1747–1811) kennen, der in seiner aufklärerischen Haltung stark von den französischen Enzyklopädisten beeinflusst war und sich im österreichischen Vielvölkerstaat stark für die Hebung und Stärkung eines ungarischen Nationalbewusstseins einsetzte. Bessenyei gilt als der Begründer der modernen ungarischen Literatur und der Impulsgeber für die Förderung der ungarischen Sprache und der Wissenschaft in ungarischer Sprache. Er war im Jahre 1765 nach Wien gekommen, als die österreichische Kaiserin Maria Theresia (1717–1780; Reg. ab 1740) eine Leibgarde, die aus ungarischen Adligen bestand, aufstellen ließ. Die Leibgarde verließ Bessenyei im Jahre 1773 und blieb, da die Kaiserin ihn ob seiner Kultiviertheit, literarischen Potenz und seines Eintretens für den Protestantismus sehr schätzte, schließlich in der Position eines kaiserlichen Bibliothekars an der Hofbibliothek.

Diesem gebildeten Ungarn und einigen anderen ungarischen Adligen trug Paradis im April 1779 seinen Plan der Gründung einer Ungarischen Patriotischen Gesellschaft vor, womit er bei den ungarischen Aufklärern auf sehr offene Ohren stieß. Die anschließende Reise nach Budapest (damals: Ofen und Pest) erwies sich als sehr konkret und erfolgreich: am 10. Mai 1779 fand die konstituierende Sitzung mit der Annahme der Homburger Statuten statt. Präsident der ungarischen Gesellschaft wurde Baron László Orczy (1750–1807).[139] Am 3. August 1779 schrieb Bessenyei an den interimistisch agierenden Ständigen Sekretär Armbrüster:[140]

> „Je ne sais quel heureux hazard nous emmena ici un Citoyen de vous, qui est Secretair Perpetuel de votre illustre Société Patriotique, et se nomme Paradis. Il nous a prouvé qu'il est, en nous ofrant les services de son zele pour la literatur, et l'appuis de son authorité dont il jouit dans votre Corps Litteraire. Cet ofre si genereus, des projets et des

---

[139] Die Geschichte der Ungarischen Patriotischen Gesellschaft beschrieb gut recherchiert in extenso Denis SILAGI (1961). Denis SILAGI (1912–2007) war ein ungarischer, nach München exilierter Historiker und Journalist.
[140] Staatsarchiv Darmstadt, D 11, Faszikel 13, Bl. 34. (In Originalschreibweise wiedergegeben.)

assurances encore y joints de sa part, nous ont inspiré l'ardent desir d'etablir un Comité en Hongrie pour l'encouragement des ars et des sciences. Ce [recte: c'est] moi qui fut obligé le premier de fair le Commencement d'un si noble ouvrage. Je me suis rendu a Bude en Hongrie, où mes projects ont entrainés les esprits, et les cöeurs de tous ceux que j'ai trouvé dignes d'être persuadé de l'utilité d'un tel etablissement."

Auf Grund welcher Fakten es zwischen Bessenyei und Paradis zu Spannungen kam, ist nicht ersichtlich; von der Tatsache berichtete Bessenyei jedoch an Armbrüster und regte an, daß Paradis doch schnellstens nach Homburg zurückkehren solle. Am 29. Oktober 1779 beklagte sich Bessenyei bei Armbrüster: „Herr Paradis ist noch immer hir in Wienn. Waß die verhängnüße ins künftige für denselben bestimmt haben, ist mir noch unbekant."[141] Zudem berichtete der Ungar im Schreiben vom 23. Mai 1780 an Armbrüster etwas Klatsch und Tratsch:[142]

„[...] auf dem Noble parterre in einer Comedie hir in der Vorstad trafe den Herrn Paradis sehr oft mit einem französischen Weißßbilde an, welches da ein sehr trauriges ansehen machte, ich glaube aber, dass es eine von der befreundschaft des Herrn Paradis muß gewesen sein die derselbe auß bloßem mitleiden dahin führte."

Paradis' Tochter Amelie hatte in Wien den aus Mainz gebürtigen Wilhelm Röder kennengelernt, der streckenweise ein ganz gutes Französisch schrieb und die Verbindung zur Mutter in Dornholzhausen hielt. Von seiner Hand sind zwei Briefe[143] überliefert, die beide das Datum des 11. August 1780 tragen und über die Lebensumstände der Wiener Familie Paradis einige Auskunft geben. Röder beklagt, dass Paradis ein ausschweifendes Leben führe, von dem ihn abzubringen er versuche. Er rät der Mutter, in Homburg zu bleiben, bis Paradis eine Arbeit gefunden habe, die er allerdings allzu bald nicht finden werde, woran er selbst Schuld sei, da er nicht die richtigen Leute kennenlerne und sein Lebenswandel sich herumgesprochen habe. Man erfährt auch, dass Madame Gimel, die Mutter von Madame Paradis, in Wien lebt, dass es ihr sehr gut geht und dass sie mit ihrer Lage sehr zufrieden ist. Die Kinder würden dem Rat der Homburger Mutter folgen, nötigenfalls bei der Großmutter Asyl zu suchen. Es ist bezeichnend, dass Röder rät, die weitere Korrespondenz über den Gumpendorfer

---

[141] Ebenda D 11, 128/Faszikel 13, Bl. 51f.
[142] Ebenda, D 11, 128/16, Bl. 90v.
[143] Ebenda, D 11, 128/4, Bl. 31 r + v.

Militärchirurgen Noldé abzuwickeln, da Nicolas Paradis offenbar Briefe unterschlagen habe. Der erste Brief endet damit, dass Röder namens Amelie liebe Grüße schreibt, und die Mutter solle sich nicht aufregen.

Den zweiten Brief schrieb Röder ohne Wissen der Tochter nach Homburg, um das wahre Chaos zu schildern, das im Wiener Haus Paradis herrschte. Der Vater hatte sein ganzes Habe und Gut verpfändet, seine Kleider, seine Uhren, um ein halbes Dutzend Flaschen Wein zu kaufen und auswärts zu essen, während die Töchter Hunger litten und gezwungen waren, tagelang Kaldaunen (Kutteln) zu verspeisen. Amelie war offenbar so verzweifelt, dass sie einen Entschluß fasste:

> „MadSelle votre fille a pris la resolution d'entrer dans un couvent et ce sera en peu de jours car personne ne peut plus subsister [...], car il [Paradis] ne veut que la batre tous les jours et lui donnant tout le nom possibles par exemple putaine &c. ca ne vous fera surement pas plaisir mais soyez sur qu'elle est aussi honette qu'une fille le puisse etre [...]."

Die aus der schieren Not geborene Idee, ins Kloster zu gehen, wird uns einige Monate später bei Paradis selbst begegnen. Die besorgte Mutter schrieb aus Homburg gleich an ihren Ehemann, worauf Nicolas Paradis am 25. August 1780 antwortete[144] und offenbar beruhigen wollte. Er berichtet von seinen Außenständen. Bassinet vom Pariser Komitee schulde ihm 2500 Gulden und Lacepède 7400 Gulden, bezahlbar innerhalb von sechs Jahren. Dann schreibt Paradis von seinen Töchtern, die zum katholischen Glauben übergetreten sind:

> „J'ai à présent d'autres choses à vous dire. Amelie et Suzette sont catholiques: je me suis opposé tant que j'ai pu, mais tout cela n'aurait servi qu'à me faire chasser du pays: d'ailleurs je n'ai aucune puissance sur la conscience de personne. Je n'ai connivé en rien à ce changement qui n'a pas changé le cœur de mes filles: elles resteront vertueuses, comme vous qui les avez si bien élevées: elles me supplient de vous prier de ne pas leur fermer votre cœur maternel; elles se jetteront à vos genoux; elles imploreront cette tendresse qui ne dément jamais le cœur d'une mère. Pour moi, sans vouloir les gêner, je tiens ferme: je ne veux pas vous affliger, ni ajoûter à vos peines domestiques: je ne vous dissimule pas cependant que je pourrais suivre l'exemple d'Amélie, si je savais pouvoir le faire sans vous contrister, sans réfroidir votre amitié; parlez-moi sincèrement: je suis votre époux depuis enciron 25 ans: je vous ai toujours été attaché et je serai toute ma vie votre tout devoué
>
> Paradis

---

[144] Ebenda, D 11, 128/4, Bl. 32.

pS. Je dois vous repéter pour vous mettre à votre aise, qu'on m'offre à Presbourg un emploi qui n'exige pas que je sois catholique.
NB. Cette lettre a été montrée à mes protecteurs: Vous voyez notre état passé et présent : il est temps que je vous donne du pain à tous et à moi: c'est là le grand cheval de Bataille d'Amelie qui n'est pas si bête qu'on le croit: elle et Suzette sont à présent les enfants de l'impératrice; cette bonne mère les placera, et peut être tous les autres."

Madame Paradis reiste am 30. November 1780 nach Wien zu ihrem Ehemann. Um nach dem Rechten zu sehen? Unter dem Datum des 25. Januar 1781 schreibt Armbrüster in seinem Tagebuch, dass Madame Paradis mit ihren Töchtern aus Wien zurückgekommen sei. Sie wohnte dann weiterhin zunächst in Dornholzhausen. Paradis' älteste Tochter Amélie war im dritten Monat von Wilhelm Röder schwanger, ohne verheiratet zu sein, was in der damaligen Zeit trotz aller Aufklärung als Schande angesehen wurde. In der Tat gebar Amélie am 25. Juni 1781 einen Sohn, der den Namen Johann Conrad Paradis[145] erhielt und als dessen Vater in den Kirchenbüchern von Gonzenheim, einem heute in Bad Homburg eingemeindeten Ort, Wilhelm Röder aus Mainz angegeben ist.

Der in Wien nun allein zurückgebliebene Nicolas Hyacinthe Paradis musste ob seiner materiellen Not so verzweifelt gewesen sein, dass er wie einst seine Tochter Amelie ins Kloster gehen wollte, und tatsächlich schrieb er Ende Januar nach Homburg, dass er in Brünn ins Karthäuserkloster einzutreten beabsichtige. Das fand jedoch offenbar nicht statt: Das Moravský zemský archiv v Brně verwahrt die Akten des Klosters, die über Paradis keinen Eintrag haben. Ohne Zweifel war Paradis auch in Brünn gewesen, um den Grafen Lamberg zu sehen und ihn zu veranlassen, nun auch in Brünn eine Zweigstelle der Homburger Gesellschaft zu gründen, was auch geschah. Lamberg forderte in diesem Zusammenhang eine ganze Reihe von Mitgliedsurkunden für die Mitwirkenden an. Die Homburger Zentrale schickte am 16. Juni 1781 zwölf Mitgliedsdiplome an den Grafen. Das bedeutete, dass die Gesellschaft noch lebensfähig war. Aber Sekretär Armbrüster notierte in seinem Tagebuch am 6. Februar 1781, dass Lamberg vor Paradis zu warnen sei: Lamberg „solle auf seiner Huth [...] seyn".

Ein Ergebnis des Aufenthalts der Ehefrau in Wien bestand darin, dass sich das Ehepaar Paradis augenscheinlich trennte. Madame Paradis blieb also in Dorn-

---

[145] nach dem Homburger Paten, dem Lehrer Johann Conrad Wagner (geb. 1760 in Gonzenheim). Quelle: Kirchenbuch Gonzenheim.

holzhausen allein mit ihren Kindern zurück. Den Familienunterhalt hatte bis dahin allein Nicolas Hyacinthe Paradis verdient. Dieser Unterhalt fiel nun weg, so dass Anne Marie Paradis eine große Not ins Haus stand. Allerdings wusste sie um die „Nebenbeschäftigung" ihres Mannes für den französischen Grafen Lacepède, und sie wusste, dass mit Lacepède eine Zahlung von 6000 Gulden vereinbart war. Deshalb schrieb sie offenbar nach Erhalt des Paradisschen Briefes vom 25. August 1780 schon am 29. August 1780 an den Franzosen, um zu verhindern, dass das Geld dem Gatten ausgezahlt würde. Zur Bekräftigung der Argumentation bat sie auch den Kanzleisekretär Armbrüster, ebenfalls an Lacepède zu schreiben. Dieser Brief vom 30. August 1780 macht die ganze prekäre Situation sehr deutlich und erklärt, warum sich Lacepède in den kommenden Jahren um die in Hessen Zurückgebliebene kümmerte. Das offizielle Schreiben Armbrüsters hatte im Entwurf diesen Wortlaut:[146]

„A Son Excellence
Messire Jean-Joseph-Médard
Comte de la Ville, Seigneur
De Lacepede && Colonel
au Cercle de Westphalie
  à Agen en Guyenne

           Homb. ez. M. le 30 août 80
Monsieur le Comte,
C'est de la part du Chef-Comité de la Société Patriotique de Hesse-Hombourg que j'ai l'honneur de vous écrire pour réclamer votre pitié en faveur de M^{de} Paradis, que son Epoux paroit avoir abandonnée & qui se trouve dans la plus affreuse situation chargée d'une famille nombreuse, de dettes & de miseres elle n'a plus de ressources que dans le cœur des amis compatissantes [sic] & sensibles & c'est à ce double titre qu'elle espere que vous voudrez bien avoir égard à son état & au motif qui l'a séparée de son mari. Elle nous a communiqué la lettre qu'elle a eu l'honneur de Vous écrire le 29. Tout y est vrai, et elle n'y exagère rien. Mais comme elle nous a ajouté que vous étiez dans l'intention de donner à son mari une somme de 6000$^{\#}$ en trois payemens de 2000$^{\#}$ d'année en année, permettez, Monsieur, que si la chose est ainsi, nous joignions nos sollicitations aux siennes pour vous prier de ne rien envoyer de cette somme à M. Paradis qui la consommeroit sans en aider sa famille. Je ferai plus, M. Le Comte, j'oserai vous dire qu'il ne seroit pas prudent de faire passer directement à cette malheureuse femme, ce que vos bontés pour cette famille voudroient lui envoyer, mais que vous devriez l'adresser à quelqu'un qui l'administreroit avec économie & d'une maniere plus

---

[146] Hessisches Staatsarchiv Darmstadt, Bestand D 11, Nr. 128/4.

avantageuse pour les enfans d'un homme qui ne s'est point rendu digne de la confiance que vous lui avez témoigné.

C'est assez vous en dire, Monsieur, pour vous faire juger de l'opinion que nous avons prise de la conduite de M. Paradis & de l'intéret que nous portons à sa famille, victime infortunée de ses désordres & de ses vices.

J'ai l'honneur d'être avec une très haute considération
Monsieur le Comte
Votre &c.
Armbruster secretaire
Du Cabinet de S.A.S. Msr.
le Landgrave"

Armbrüsters Journal weist nun einen ständigen Briefwechsel zwischen Lacepède und Armbrüster in Sachen Paradis-Familie aus. Und tatsächlich unterstützte Lacepède Madame Paradis durch gelegentliche Wechsel – belegt ist ein Wechsel über 300 Gulden, den er am 26. November 1784 durch Armbrüster an Frau Paradis überreichen ließ.[147] -

Ermutigt durch die erfolgreiche Gründung des ungarischen Komitees begab sich Paradis im Sommer 1781 nach Warschau, um sich um eine polnische Gründung zu bemühen und um die Verbindungen nach Sankt Petersburg und Moskau zu vertiefen. Von Wien bis Warschau sind es immerhin 700 Kilometer; deswegen dürfte eine Reise mit der Postkutsche schon einige Zeit in Anspruch genommen haben. Von dem Warschauer Aufenthalt wissen wir durch einen Brief, den Paradis am 19. August 1781 an den schwedischen Chef der Patriotischen Gesellschaft, Adolph Modéer, geschrieben hatte. Dieser Brief[148] ist bis zur Stunde das letzte Lebenszeichen von Paradis, das wir haben. Darin liest man eine Empfehlung, den Freiherrn von Stockhem in die Schwedische Patriotische Gesellschaft aufzunehmen und ihn in Angelegenheiten, die die polnische und die russische patriotische Gesellschaft betreffen, in Anspruch zu nehmen. Der Brief hat folgenden Wortlaut:

„Monsieur & très cher confrère,
Un Gentilhomme aussi estimable par ses talens, que distingué par sa naissance et ses emplois, S. Ex. Mr. le Baron de Stockheim [recte: Stockhem], Conseiller privé et Colonel du Roi et de la République de Pologne, membre de plusieurs corps littéraires, aiant lu la traduction française que j'ai faite des loix et statuts de l'illustre Société Royale pa-

---

[147] Das Faktum notierte ARMBRÜSTER in seinem Journal.
[148] Riksarkivet Stockholm, Signatur: E VI, Övr. Inkommna handl. 1780–1782, Band 25a, 19.8.1781.

triotique de Suède, désire ardemment d'y être admis par votre moyen, et il m'a chargé de vous prier d'en faire la demande à votre respectable Société.

Un long voyage et des affaires compliquées m'ont privé du plaisir de suivre votre correspondance: je vous prie de me détailler encore les différens objets que la S.R.P. de Suède voudrait se procurer de l'étranger; Mr. le Baron m'assistera avec zèle pour ce qui concerne la Pologne et la Russie, il est particulièrement lié avec la plupart des Grands et des Savans de ces deux Etats.

Si vous avez un jour quelque chose à demander à cette cour-ci en fait de marques de distinction, vous trouverez dans notre Candidat un homme actif à vous servir, soit pour vous, soit pour quelques-uns de vos protecteurs.

J'ai l'honneur d'être avec l'estime la plus particulière,
Monsieur et très cher confrère
Votre très humble et très obéissant serviteur
Paradis

À Varsovie,
Ce 19. Aout 1781."

Das Dankesschreiben des Baron de Stockhem, an Modéer gerichtet, trägt das Datum des 22. Juni 1782 und gibt jedoch keinen Hinweis mehr auf Paradis.[149]

Im Juni 1785 verschärfte sich die finanzielle Situation der in Dornholzhausen zurückgebliebenen Familie. Die Hausmiete war nicht mehr zu bezahlen. Der Landgraf griff helfend ein und sorgte dafür, dass die Familie in Homburg eine günstige Unterkunft erhalten konnte.[150] Hatte Madame Paradis vielleicht die Nachricht bekommen, dass Nicolas Hyacinthe Paradis verstorben war? Immerhin erwähnt der Kabinettssekretär Armbrüster am 27. Juli 1785 in seinem Journal eine Mitteilung an den sich aktiv um die Familie Paradis sorgenden Grafen Lacepède[151]:

„Notifié à Mr le Comte de Lacepede la Mort de Mr. Paradis et prié pour la famille de Paradis."

In der Tat ist es uns hier zum ersten Mal in der Paradis-Geschichtsschreibung gelungen, dessen Sterbedatum einzukreisen. Die *Wiener Zeitung*, die wöchentlich zweimal erschien, verzeichnete ganz zeitnah und aktuell eine gewissenhaft und akribisch geführte Liste der in und um Wien Verstorbenen. Eine Durchsicht

---

[149] Riksarkivet Stockholm, Signatur: E VI, Övr. Inkommna handl. 1781–1782, Band 25b, 22. Juni 1782.
[150] Eintrag am 27. Juni 1785 in ARMBRÜSTERs Journal.
[151] Weder im hessischen Staatsarchiv in Darmstadt noch in diversen französischen Archiven ist ein Briefwechsel zwischen Lacepède und Homburg überliefert.

dieser Zeitung, die im Internet gescannt zur Verfügung steht[152], gab keinen Hinweis auf das Ableben unseres Protagonisten. Wir müssen also davon ausgehen, dass Paradis nicht mehr in Wien gelebt hatte. Paradis hatte in seinem oben zitierten Schreiben vom 25. August 1780 angedeutet, dass er eine Stellung in Preßburg in Aussicht genommen habe, wofür sich aber in den verschiedenen Archiven im slowakischen Bratislava keine Informationen finden ließen.

---

[152] <http://anno.onb.ac.at/cgi-content/anno?apm=0&zoom=2>

7. Zusammenfassung

In der vorliegenden Abhandlung haben wir eine widerspruchsvolle Persönlichkeit des 18. Jahrhunderts kennengelernt, die in ihren kleinbürgerlichen Verhältnissen verhaftet blieb und beharrlich versuchte, sich mit Leidenschaft und Gründlichkeit bei der Arbeit, mit schier unermüdlicher Arbeitskraft und Ausdauer, mit endlosem Ehrgeiz und Engagement zu entfalten. Das zeigte sich immer in den unterschiedlichen Lebensphasen des Nicolas Hyacinthe Paradis:
- als Lazaristenschüler in Paris, wo er sich mit klassischem Wissen vollfüllte und sich im Französischen vervollkommnete;
- als Emigrant in Preußen mit dem Bestreben in der »besseren« Gesellschaft anzukommen, indem er sich einen Adelstitel zulegte;
- als Karrierebewusster durch Übertritt zum Luthertum;
- als Pädagoge mit dem neueren Anspruch der französischen Grammatikographie, von der lateinischen Interpretation Abstand zu nehmen;
- als Verfechter und Fortsetzer der Frauenemanzipation in der Ausbildung des Nachwuchses;
- als Dichter, Schriftsteller und Dramatiker mit einem Höhepunkt beim Kopenhagenaufenthalt;
- in der Blüte seines Lebens in Frankfurt durch editorische und journalistische Tätigkeiten im Sinne eines aufklärerischen Wirkens als Beitrag zum Fortschritt der Menschheit;
- als energischer Aufklärer im Geist der französischen Enzyklopädie durch Wissenschaftspopularisierung mit einem intensiven und grundlegenden Engagement in Homburg;
- als Resignierender infolge des Eingemauertseins in der zeitgenössischen Moral beim Schicksal der ältesten Tochter Amelia, wo die gesellschaftlichen Schranken wegen der religiösen Intoleranz zu einem familiären Unglück führten.

Es ist ein Zeichen, dass die Aufklärung des 18. Jahrhunderts in ihrem umfassenden Anspruch nicht die Massen des ganzen Bürgertums erreichte. Es war gerade ein Kennzeichen der enzyklopädischen Aufklärung der Franzosen, dass auch die Grundlagen von Glauben und Kirche angegriffen wurden, was zwar von Friedrich dem Großen begrüßt, von Voltaire und anderen propagiert worden war, aber eben in der Regel nicht beim deutschen Kleinbürgertum und bei breiten Teilen der Oberschicht (Beispiel Friedrich V. Ludwig von Hessen-Homburg) angekam. Das tiefgreifende familiäre Ereignis bedeutete für Paradis eine Beeinträchtigung des Selbstbewusstseins und der Eitelkeit, so dass er aus seinem angestammten Milieu entfloh. Die Moralvorstellungen des 18. Jahrhunderts in einem kleinstädtischen Milieu waren so sehr traditionsverhaftet und standen den heutigen diametral gegenüber. Im 18. Jahrhundert wie auch noch im 19. sahen sich die unehelichen Mütter und deren Kinder kirchlicherseits wie gesellschaftlich oft einer grenzenlosen Diskriminierung ausgesetzt, die beispielsweise auch darin zum Ausdruck kam, dass die kirchenbuchführenden Geistlichen im Fall einer unehelichen Geburt das Geburtsregister um 90 oder gar 180 Grad drehten und dann den Eintrag der Geburt vornahmen, deutlich abgesetzt und ins Auge springend gegenüber den »normalen« Geburten.

Die Resignation von Paradis wurde dadurch evident, dass von diesem jahrzehntelang so rührigen Menschen nichts mehr in die Öffentlichkeit drang. Ein Mann, der die Welt mit Plethoren von Briefen und Publikationen überschüttete, hatte sich selbst zum Schweigen verurteilt.

Und doch ist es wichtig, sich heute eines so engagierten Menschen zu erinnern, dem es ein tiefes Anliegen war, Wissen zu vermitteln und der schlussendlich an seiner Überaktivität und seiner gesellschaftlichen Umwelt scheiterte.

8. Primärliteratur[153]

Paradis 1755a: Essais sur l'art de s'énoncer et d'écrire correctement, Berlin: Birnstiel 1755, 16 p. [„préambule" zu Paradis 1757a]

Paradis 1757a: Essai sur l'art de s'énoncer[154] et d'écrire correctement; avec une traduction alemande de Mr. Lohde, Et un Essai sur l'art de la versification Française, Berlin 1757. [Dieses Werk ist in öffentlichen Bibliotheken nicht vorhanden; das Exemplar der Berliner Staatsbibliothek ist ein Kriegsverlust.]

Paradis 1757b: Essai sur l'art de versification française, Berlin 1757. [Dieses Werk ist in öffentlichen Bibliotheken nicht vorhanden; das Exemplar der Berliner Staatsbibliothek ist ein Kriegsverlust.]

Paradis 1759: Les enfants perdus, ou le trompeur trompé, entretiens en forme de pièce dramatique, avec des notes allemandes de mr. Hoffmann, à l'usage de ceux qui s'apliquent à l'étude de la langue françoise, par M. Paradis de Tavannes, maître de pension et premieur [sic] lecteur public de la langue françoise au collège de Berlin, Berlin 1759, chez l'auteur dans la maison de mr. Otte, bateur d'or à la rue royale. Imprimé chez Jean Henri Gaebert [Johann Heinrich GÄBERT, wohnhaft in der neuen Friedrichstraße neben der Garnison-Schule in seinem Hause (laut Berliner Adreßkalender)] [vorhanden in der Bibliothek der Humboldt-Universität Berlin].

Paradis 1759a: Epitre au sujet de la promotion faite le quatre du présent au colège nommé vulgairement le cloître gris, adressée à messieurs JEAN JACOB WIPPEL, parvenu au rectorat, CHRETIEN ANTOINE SCHULTZE, nommé proconrecteur, et CHARLE FREDERIC MICHAELIS, déclaré conrecteur, par Mr. PARADIS DE TAVANNES, Maître de pension & lecteur public de la langue & de l'éloquence françoise dans la classe suprême du colège de Berlin. À Berlin, Imprimé chez Jean Henri Gæbert, 1759. [vorhanden in der Streitschen Stiftung (Sammlungen des Berlinischen Gymnasiums zum Grauen Kloster)].

Paradis 1760: Poëme à l'occasion du jubilé célébré le 16me d'octobre de la presente année, en mémoire de l'acte solemnel par le quel les états du royaume de Dannemarck déférèrent en 1660 la souveraineté héréditaire à la maison royale, adressé aux habitans de Coppenhague, Berlin: Jean Henri Gæbert, 1760, 8 p. [vorhanden in der Königlichen Bibliothek in Kopenhagen]

---

[153] Nach Abschluß der vorliegenden Arbeit wurden die als Kopien vorhandenen Werke von Paradis den Sammlungen des Berlinischen Gymnasiums zum Grauen Kloster (Streitsche Stiftung), Breite Straße 30/31, 3. Etage, D-10178 Berlin [Telefon: (030) 90 226 -724 (AB), -725. Fax: (030) 90 226 722. E-Mail: streit@zlb.de] übergeben.
[154] Die in den Bibliographien zu findende Schreibweise *enensir* ist falsch.

Paradis 1761: Poëme à l'occasion de l'anniversaire du jour natal et au sujet de l'heureuse convalescence de Frédéric V, Roi de Dannemarck et de Norwège &c. très humblement addressé à Sa Majesté par N.H. Paradis de Tavannes, Lecteur public de la langue françoise, à Berlin, imprimé chez Jean Henri Gæbert. 1761, 18 p. [vorhanden in der Königlichen Bibliothek in Kopenhagen]

Paradis 1762a: Epitalame à l'occasion de l'Himen, célébré le X. de X.^{bre} 1762 entre le Baron de Bulow et Anne Sophie, Comtesse de Danneskiold-Laurvig, Copenhague 1762.

Paradis 1762b: Grammaire raisonnée: qui contient la quintessence de toutes les meilleures grammaires, Berlin: Wever, 1762, ²1768 [vorhanden in der Berliner Staatsbibliothek].

Paradis 1762c: Ode à l'occasion du jour de naissance de Frédéric V, prononcée le 31 Mars de cette année par quelques uns des jeunes académiciens de la première division des officiers de terre de l'académie royale, in: I Adresseavisen, 1762, Nr. 26.

Paradis 1763a: Réflexions sur l'étude de la langue françoise considérée comme une langue universelle qui fait partie de l'éducation des jeunes gens de l'un et de l'autre sexe, tant de qualité, que de ceux qui sont au dessus du commun peuple où l'auteur, après avoir examiné si cet idiôme peut avoir quelque influence sur les sciences et sur les moeurs, donne en peu de mots, le plan d'une nouvelle méthode, à l'aide de la quelle on pourroit enseigner cette langue avec succès, et sans perte de tems, Copenhague: Lillie, 1763, 45 p. [Gedacht als Vorwort zu Paradis 1765; vorhanden in der Bibliotheca Danica]

Paradis 1763b: Le Naufrage, ou Le royaume de la lune, opéra comique, Coppenhague & Leipzig 1763, 2-133-1 p. [vorhanden in der Bibliothèque Nationale de France]

Paradis 1765: Nouveau sistême applicable à toutes les méthodes et pourvu d'un nombre suffisant de thêmes, de dialogues et d'explications dans les deux langues, pour faciliter l'étude de la grammaire, du stile, de la rhétorique et de la poétique françoise: ouvrage théori-pratique en faveur tant des maîtres et des disciples non lettrés que des demoiselles appelées à l'éducation des jeunes-gens de famille, par N.H. Paradis de Tavannes, de l'Académie Royale Militaire de Copenhague, Professeur en Langue et Belles-Lettres Françoises. À l'usage de la Compagnie, Copenhague & Leipzig: Pierre Albert Pripp, 1765.

Neue Einrichtung so man allerley Sprach-Lehren brauchen kan, und mit einer hinlänglichen Anzahl Uebungen, Gesprächen, Vocabeln, und Erklärungen, in beyden Sprachen versehen, um die Erlernung der Französischen Sprach- Rede- und Dicht-Kunst zu erleichtern: Zum Nutze der unstudierten Sprach-Lehrern und Lernenden; wie auch der Französischen Frauenzimmern, welche die Jugend in vornehmen Häusern unterrichten. Von N.H. Paradis de Tavannes, vor der Königlichen Land-Cadetten-Akademie: Professor in der Französischen Sprache. Zum Gebrauch der Compagnie. Kopenhagen und Leipzig: Peter Albert Pripp, 1765.

Paradis 1768: Discours sur divers sujets intéressans, relatifs à l'éducation de la jeunesse nonlettrée, à Francfort et Leipzic: Jean Georg Eslinger, 1768, IV, 215 p. [Das Werk befindet sich in der Universitätsbibliothek Halle an der Saale.]

Paradis 1769: La Fête de l'Amour. Divertissement allégorique en un acte, A Copenhague. Chez la Veuve Rothe e Proft, 1769. [Das Werk befindet sich in der Universitätsbibliothek Halle an der Saale.]

Paradis 1772: Jonas BAYER und Nicolas Hyacinthe PARADIS, Manuel pratique des langues françoise et allemande avec les explications et remarques nécessaires, Frankfurt: Kochendörfer, 1772. [Quelle: Kayser, *Bücherlexikon*, Leipzig 1834, Seite 169; in Bibliotheken weltweit nicht vorhanden.]

Paradis 1776: Etablissement, Loix et Statuts de la Société Patriotique de Hesse-Hombourg pour l'Encouragement des Connoissances et des Mœurs: avec approbation et sous la protection de Son Altesse Sérénissime Monseigneur le Landgrave regnant, Hombourg és monts 1776.

Paradis 1777: Programme de la Société-Patriotique de Hesse-Hombourg, Pour l'encouragement des Connoissances & des Mœurs; sous les auspices & la protection de Son Altesse Sérénissime Monseigneur Le Landgrave de Hesse-Hombourg: avec un précis de l'origine, de l'objet, & des progrès de cet Institut, & la liste des Membres actuels de cette Société, Affiliée à la Société-Royale Patriotique de Suède, &c., A Hombourg-ez-Monts, de l'Imprimerie de la Société-Patriotique, 1777.

Paradis 1778: Nicolas Hyacinthe PARADIS, Essai d'une nouvelle méthode pour l'étude de la Grammaire françoise dédié à L. Altesses les Princes Frédéric Louis et Louis Guillaume de Hesse-Hombourg par un membre de la Société patriotique de ce nom, Hombourg ėz-Monts 1778. [Dieses Werk ist in öffentlichen Bibliotheken weltweit nicht nachweisbar. Quelle: Rüdiger 1908: 248.]

Paradis 1778a: Nicolas Hyacinthe PARADIS, Discours sur les mœurs en général et en particulier, sur quelques points de la religion des anciens peuples de la Germanie et du nord. Pronocé dans l'assemblée publique du Chef Comité de la Société Patriotique de Hesse-Hombourg tenuë le 2e 9bre 1778. au lieu ordinaire. [Manuskript im Hessischen Staatsarchiv Darmstadt, Signatur: D 11, 128/11, Bl. 50–60.]

Herausgeber von Periodika

Le Citoyen, Berlin: J.C. Klüter, Wochenschrift: Heft 1 (Donnerstag, 5. Juni 1755) bis Heft 12 (Donnerstag, 21. August 1755). [Vorhanden in der Bibliotheka Danica, Kopenhagen]

Le Papillon, Berlin: Witwe Grynaeus, Wochenschrift: Nr. 1 (Donnerstag, 1. April 1756) bis Nr. 11 (Donnerstag, 10. Juni 1756). [Vorhanden in der Bibliotheka Danica, Kopenhagen]

Les Fastes du Gout: Les Fastes du Goût ou les nouveautés du jour: Feuille hebdomadaire, qui renferme succintement les détails concernant en général les Siences [sic], les Arts, l'Industrie, les Modes; plus particulièrement la Philosophie, les Mathématiques, la Méchanique, l'Histoire, la Critique, la Morale, la Poésie, la Peinture, la Sculture, la Gravure, l'Architecture, la Musique, la Danse, l'Economie, l'Agriculture, les Finances, les Spectacles, & les variations dans l'habillement. Le tout melé d'Anecdotes, de Saillies, de petits Vers & de Bon-mots. Par une Société de gens de lettres, Francfort s. le M.: Au Chef-Bureau de la Poste impériale, 1769-1770, t. 1.2., t.2. [vorhanden in der Staatsbibliothek Berlin].

Journal historique et physique, du commerce ainsi que des arts et autres objets qui y sont relatifs, 49 Nummern, Francfort 1769.

Journal historique: Journal historique des sciences, des arts, de l'industrie, de la navigation, du commerce et des mœurs, Francfort sur le Meyn, 1770 [vorhanden in der UB Halle und der Mainzer Stadtbibliothek: Signatur 770/10].

Courrier politique et littéraire de Francfort, 1770.

Geist der Journale, Band 1: Jänner und Hornung; bis Band 6, Franfurt a.M.: Andreä, 1775.

Memorial de l'Europe pour l'année bissextile 1780 publié par le Chef-Comité de la Société patriotique de Hesse-Hombourg, en faveur des pauvres. A Hombourg-ez-Monts, près Francfort-sur le Mein chez le Sr. J.G. Bruere, Régistrateur du Chef-Comité de la Société Patriotique de Hesse-Hombourg, & chez le Sr. André, Libraire à Francfort sur le Mein.

9. Sekundärliteratur

Ahrens 2004: Sabine AHRENS, Die Lehrkräfte der Universität Helmstedt (1776–1810). Veröffentlichungen der Kreismuseen Helmstedt, Band 7, Helmstedt 2004.

Beauregard 1748: Joseph BEAUREGARD, Avis concernant les qualités, que doit avoir un bon maitre de la langue françoise avec des observations sur quelques difficultés particulières, qui se rencontrent dans la dite langue, en guise de Programme, à Helmstet, chés Michel Gontier Leukart, 1748, 15 S.

Beauregard 1759: Joseph BEAUREGARD, Explication de quelques difficultés essentielles, qui se rencontrent dans l'étude de la langue françoise avec des observations sur la maniére de prononcer les monosillabes qui se terminent en e, par Joseph Beauregard, prof. extraord., à Helmstedt chés Chret. Freder. Weygand, 1759.

Brekle 1998: Herbert E. BREKLE u.a. (Hrsg.), Bio-bibliographisches Handbuch zur Sprachwissenschaft des 18. Jahrhunderts. Die Grammatiker, Lexikographen und Sprachtheoretiker des deutschsprachigen Raums mit Beschreibungen ihrer Werke, Max Niemeyer Verlag, Band 6, Tübingen 1998, XVII + 425 Seiten. [Kapitel »Paradis de Tavannes« Seiten 392 – 395.]

Cadilhon 2005: François CADILHON, La Hongrie moderne 1450-1850, Pessac: Presses universitaires de Bordeaux, 2005.

Chaligne 1929: Fernand Marie Albert CHALIGNE, Histoire militaire de Verdun, Paris: Chaeles-Lavauzelle & Cie, 1939.

Clark 2007: Christopher CLARK, Preußen. Aufstieg und Niedergang. 1600-1947, München: DVA, 2007.

Daumalle 2005: Françoise DAUMALLE, La presse économique en langue française au XVIIIe siècle (1751-1776), Diss. (University of Michigan, 1992), Lille: Atelier national de reproduction des thèses, 2005.

Degert 1911: Antoine DEGERT, Les petits séminaires français avant la Révolution. Origines, fondations, régime d'enseignement, in: Revue d'histoire de l'Eglise de France, année 1911, Band 2, Nr. 11, Seiten 554–575; Nr. 12, Seiten 664–678.

Dülmen 1977: Richard von DÜLMEN, Die Aufklärungsgesellschaften in Deutschland als Forschungsproblem, in: Francia Forschungen zur westeuropäischen Geschichte, Band 5, Sigmaringen 1977/1978, Seiten 251–275.

Düwell 2001: Henning DÜWELL, Beispiele für adressatenspezifisches Lehren und Lernen der französischen Sprache im 17. und 18. Jahrhundert, in: Wolfgang DAHMEN u.a. (Hrsg.), 'Gebrauchsgrammatik' und ,Gelehrte Grammatik'. Französische Sprachlehre und Grammatikographie zwischen Maas und Rhein vom 16. bis zum 19. Jahrhundert. Romanistisches Kolloquium XV, Tübingen: Gunter Narr, 2001, Seiten 287–303.

Ehrencron-Müller 1939: Holger EHRENCRON-MÜLLER, Forfatterlexikon omfattende Danmark, Norge og Island indtil 1814, Supplement (II), Kopenhagen: H. Aschehoug & Co. Dansk Forlag, 1939, Seiten 158–159.

Eichhorn 1999: Silvia EICHHORN et Jochen SCHLOBACH, Paradis, Nicolas (vers 1732 - ?), in: Jean SGARD (Hrsg.), Dictionnaire des Journalistes, Band 2, Oxford: Voltaire Foundation, 1999, Seiten 768–770.

Gautier de Sibert 1772: Pierre Edme GAUTIER DE SIBERT, Histoire des Ordres Royaux hospitaliers-militaires de Notre-Dame du Mont Carmel et de Saint- Lazare de Jérusalem, Paris 1772.

Gouvest 1765: Jean Henri MAUBERT DE GOUVEST, Le temps perdu. Ou les Ecoles publiques. Considérations d'un Patriote sur l'Education de la Premiére-Jeunesse en France. Avec l'idée d'un nouveau Collége & le précis de l'instruction qui y seroit donnée, Amsterdam: François Changuion, 1765. [Dieses Werk ist dankenswerterweise von der Bibliothèque Nationale de France digitalisiert und ins Internet gestellt worden; siehe dort *Gallica*.]

Graf 1993: Sieglinde GRAF, Aufklärung in der Provinz. Die sittlich-ökonomische Gesellschaft von Ötting-Burghausen 1765–1801, Göttingen: Vandenhoeck & Ruprecht, 1993.

Hahn 1975: Roger HAHN, L'autobiographie de Lacepède retrouvée, in: Dix-huitième siècle, revue annuelle publiée par la Société française d'Etudes du XVIIIe siècle avecc le concours du C.N.R.S., Band 7, Paris: Editions Garnier frères, 1975, Seiten 49–85.

Heidemann 1874: Julius HEIDEMANN, Geschichte des Grauen Klosters zu Berlin, Berlin: Weidemannsche Buchhandlung, 1874.

Hubrig 1957: Hans HUBRIG, Die patriotischen Gesellschaften des 18. Jahrhunderts, Weinheim/Bergstraße: Verlag Julius Beltz, 1957.

Kroupa 1998: Jiří KROUPA, The alchemy of happiness: the Enlightenment in the Moravian context, in: Mikuláš TEICH (Hrsg.), Bohemia in History, Cambridge: University Press, 1998, Seiten 164–181.

Kunisch 2005: Johannes KUNISCH, Friedrich der Große. Der König und seine Zeit, München: C.H. Beck, 2005.

Labbé 2004: François LABBÉ, La Gazette littéraire de Berlin (1764-1792), Paris: Honoré Champion, 2004.

Lambert 1808: Œuvres complètes de madame la marquise de Lambert, suivies de ses lettres à plusieurs personnages célèbres. Seule édition complète. A Paris, chez Léopold Collin, 1808.

Lamberg 1778: Maximilian von LAMBERG, Epoques raisonnées sur la vie d'Albert [sic] de Haller, Leipzig: Jean Paul Krauss, 1778.

Michaud 1968: Joseph F. MICHAUD, Biographie universelle et ancienne et moderne, 1968, Band 22.

Nyerup 1820: Rasmus NYERUP og Jens Edvard KRAFT, Almindeligt Litteraturlexicon for Danmark, Norge, og Island, Kjøbenhavn 1820, Seite 591: *Tavannes*.

Prémontval 1759: Rezension: Paradis de Tavannes, Essais sur l'Art de s'énoncer & d'écrire corectement, in: André-Pierre Le Guay de PRÉMONTVAL, Préservatif contre la corruption de la langue françoise, en France, & dans les Pays où elle est le plus en usage, tels que l'Allemagne, la Suisse, & la Hollande, Berlin: Grynäus & Decker, 1759, Seiten 337–361.

Renkhoff 1992: Otto RENKHOFF, Nassauische Biographie, Wiesbaden ²1992, Seite 600 (Lemma: Paradis).

Rüdiger 1908: Wilhelm RÜDIGER, Über die Société patriotique de Hesse-Hombourg, sowie über ihren Begründer Nicolas Hyacinthe Paradis. Ergänzende Beiträge, in: Annalen des Vereins für Nassauische Altertumskunde und Geschichtsforschung, Band 38, 1908, S. 244–254.

Schlözer 1780: August Ludwig SCHLÖZER's Briefwechsel meist historischen und politischen Inhalts, Göttingen: Verlag der Vandenhoekschen Buchhandlung, 1780.

Schröder 1992: Konrad SCHRÖDER, Biographisches und bibliographisches Lexikon der Fremdsprachenlehrer des deutschsprachigen Raumes, Spätmittelalter bis 1800, Band 3, Augsburg 1992, Seite 275–279.

Schwartz 1878: Karl SCHWARTZ, Landgraf Friedrich V. von Hessen-Homburg und seine Familie. Aus Archivalien und Familienpapieren, Band 1, Rudolstadt: Buchhandlung der F. priv. Hofbuchdruckerei, 1878, Seiten 140–144.

Schwartz 1888: Karl SCHWARTZ, Landgraf Friedrich V. von Hessen-Homburg und seine Familie. Aus Archivalien und Familienpapieren, Band 1, Homburg vor der Höhe: Fritz Schick's Buchhandlung 1888, Seiten 140–148: Die patriotische Gesellschaft in Homburg.

See 1980: Gottlieb SEE, Familiennamen in der Landgrafschaft Hessen-Homburg und einigen angrenzenden Orten, Neustadt an der Aisch: Degener, 1980.

Sgard 1991: Jean SGARD, Dictionnaire des journaux. 1600-1789, 2 Bände, Paris: Universitas, 1991.

Sgard 1999: Jean SGARD (Hrsg.), Dictionnaire des Journalistes, Band 2, Oxford: Voltaire Foundation, 1999.

Silagi 1961: Denis SILAGI, Zur Geschichte der ersten madjarischen gelehrten Gesellschaft (1779), in: Mathias BERNATH (Hrsg.), Südostforschungen, Band 20, 1961, Seiten 204–224.

Skalweit 1983: Stephan SKALWEIT, Der Homburger Landgrafenhof, in: Hilde MIEDEL (Hrsg.), Bad Homburg vor der Höhe 782–1982, Beiträge zur Geschichte, Kunst und Literatur, Vortragsreihe zur 1200-Jahrfeier, Bad Homburg v.d. Höhe 1983, Seiten 191–223.

Skalweit 1987: Stephan SKALWEIT, Gestalten und Probleme der frühen Neuzeit, Berlin: Duncker & Humblot, 1987, Seiten 186–207: Der Homburger Landgrafenhof.

Spahn 2007: Günter SPAHN, Seines Fürsten Diener und Freund. Der Hessen-Homburgische Kabinettsrat J.H. Armbrüster und sein „Journal" (1775–1793), in: Alt-Homburg. Die Heimatzeitung für Bürger und Freunde unserer Stadt, Band 50, Heft 3, März 2007, Seiten 3–10.

Storost 2001: Jürgen STOROST, 300 Jahre romanische Sprachen und Literaturen an der Berliner Akademie der Wissenschaften, 2 Teile, Frankfurt am Main: Peter Lang, 2001.

Storost 2008: Jürgen STOROST, Langue française – langue universelle? Die Diskussion über die Universalität des Französischen an der Berliner Akademie der Wissenschaften. Zum Geltungsanspruch des Deutschen und Französischen im 18. Jahrhundert. Zweite, verbesserte, überarbeitete, ergänzte und vermehrte Auflage, Hamburg: Dr. Kovač, 2008.

Storost 2008a: Jürgen STOROST, In memoriam Vladimiro Macchi. Aspekte der Wissenschaftsgeschichte. Ausgewählte Sujets, Bonn: Romanistischer Verlag, 2008.

Strauss 1914: Bettina STRAUSS, La culture française à Francfort au XVIIIe siècle, Paris: F. Rieder & Cie, 1914.

Suhm 1777: Peter Frederik SUHM, Geschichte Dännemarks, Norwegens und Hollsteins in zweien Auszügen; Zum Gebrauch der studirenden Jugend. Aus dem Dänischen übersetzt. Flensburg, Leipzig: Korten, 1777.

Telschow 1985: Jürgen TELSCHOW und Elisabeth REITER, Die evangelischen Pfarrer von Frankfurt am Main, Frankfurt am Main: Evangelischer Regionalverband, ²1985.

Voss 1978: Jürgen VOSS, Grandidier und die Société Patriotique de Hesse-Hombourg, in: Francia. Forschungen zur westeuropäischen Geschichte, Band 6, 1978, München 1979, Seiten 629–639.

Voss 1980: Jürgen VOSS, Die Société Patriotique de Hesse-Hombourg (1775-1781). Der erste Versuch einer europäischen Koordinationsstelle für wissenschaftlichen Austausch, in: Rudolf VIERHAUS (Hrsg.), Deutsche patriotische und gemeinnützige Gesellschaften, München: Kraus International Publications, 1980 (= Wolfenbütteler Forschungen. Herausgegeben von der Herzog August Bibliothek, Band 8), Seiten 195–221.

Wagner: 1991: Jacques WAGNER, Gazette des Deux-Ponts (1770–1777), in: Jean SGARD (Hrsg.), Dictionnaire des Journaux. 1600–1789, Paris: Universitas, 1991, Band 1, Seiten 463f.

Walther 1874: Philipp Alexander Ferdinand WALTHER (Hrsg.), Archiv für Hessische Geschichte und Alterthumskunde, Band 13, Darmstadt 1874, Seiten 523–526: Die patriotische Gesellschaft in Homburg.

Weiß 1995: Helmut WEIß, Nicolas Hyacinthe Paradis de Tavannes: Philosophische Grammatik des Französischen in Deutschland (1750-1780), in: Klaus D. DUTZ, Kjell-Åke FORSGREN (Hrsg.), History and Rationality. The Skövde Papers in the History of Linguistics (= Acta Universitatis Skovdensis. Series Linguisticae. 1), Münster: Nodus 1995. Seiten 159–174.

Wippel 1763: Johann Jacob WIPPEL, Nachricht von den öffentlichen Lectionen des Berlinischen Gymnasii zum Grauen=Kloster, Berlin 1763.

Wurzbach 1865: Constant von WURZBACH, Biographisches Lexikon des Kaiserthums Oesterreich, enthaltend die Lebensskizzen der denkwürdigen Personen, welche seit 1750 in den österreichischen Kronländern geboren wurden oder darin gelebt und gewirkt haben, Vierzehnter Theil, Wien 1865, Seiten 42–46: Lamberg, Maximilian Joseph Graf von.

Zeitungen 1763: Rezension: Paradis de Tavannes, Réflexions sur l'étude de la langue françoise, Kopenhagen 1763, in: Neue Zeitungen von Gelehrten Sachen. Auf das Jahr 1763, No. LXXXIII, Leipzig, den 17. Oktober. Seiten 657–658.

Literatur zu Nicolas Paradis (1724–1794)

Aimond 1988: Charles AIMOND, Histoire religieuse de la Révolution dans le département de la Meuse et le diocèse de Verdun (1789-1802), Roanne: Horvath, 1988, Seite 490.

Gaillemin ~1983: André GAILLEMIN, Dictionnaire biographique des prêtres, religieux et religieuses nés en Meuse et des prêtres, religieux et religieuses pendant la Révolution et au Concordat (1789-1803). Bar-le-Duc: Société des lettres, ~1983, Seite 297.

Gaillemin 1996: André GAILLEMIN, Jacques BOUR, Vie et mort des prêtres meusiens déportés sur les pontons de Rochefort en 1794–1795, in: Bulletin des sociétés d'histoire et d'archéologie de la Meuse, n° 32, 1996, Seiten 25–102; Seite 30.

Robinet 1888: Abbé Nicolas Narcisse ROBINET, Pouillé du diocèse de Verdun, 4 Bände, Verdun: Charles Laurent, 1888, Band 1, Seite 487.

10. Danksagungen

Arbeitsgemeinschaft der Geschichts- und Heimatvereine im Hochtaunuskreis und deren Sprecherin MARIANNE BECKERT

Archiv der Bayerischen Akademie der Wissenschaften und dessen Direktorin, Frau Dr. SYLVIA KRAUSS

Archiv der Berlin-Brandenburgischen Akademie der Wissenschaften und dessen Mitarbeiterin WIEBKE WITZEL

Archív hlavného mesta Slovenskej republiky Bratislavy und deren Direktorin PhDr. ANNA BUZINKAYOVÁ

Archives départementales de la Meuse und deren Direktorin Frau LYDIANE GUEIT-MONTCHAL

Bürgerbibliothek Bern und deren Mitarbeiter Herrn lic. Phil. THOMAS SCHMID MAS

Det Kongelige Bibliotek København und deren Mitarbeiter Herrn JARLE RUI AADNA

Domstiftsarchiv Brandenburg und dessen Mitarbeiter Dr. UWE CZUBATYNSKI

Evangelische Kirchengemeinde Gonzenheim und deren Mitarbeiterin KARIN HENRICH

Hessisches Staatsarchiv Darmstadt und dessen Mitarbeiter Dr. RAINER MAAß

Hugenottenarchiv Berlin und dessen Leiter ROBERT VIOLET

Moravský zemský archiv v Brně und dessen Mitarbeiterin Dr. TICHOMIROVOVÁ

Rigsarkivet København und dessen Archivar und Seniorforscher NILS G. BARTHOLDY

Schwedisches Nationalarchiv und dessen Mitarbeiterin MAUD ALMSTRÖM BLOM

Stadtarchiv Bad Homburg vor der Höhe und dessen Mitarbeiter Dr. ASTRID KRÜGER und ANDREAS MENGEL

Stadtarchiv Hanau und dessen Mitarbeiterin MONIKA RADEMACHER

Stadtarchiv Helmstedt und dessen Stadtarchivarin MELSENE BITTÓ

Stadtarchiv Varaždin (Državni arhiv u Varaždinu) und dessen Mitarbeiter VIDA PAVLIČEK

Stiftung Stadtmuseum Berlin und dessen Leiter HELMUT HERBIG sowie der Mitarbeiterin IRIS SCHEWE

Streitsche Stiftung Berlin [Gymnasium zum Grauen Kloster] und deren Leiterin SUSANNE KNACKMUß

Allen diesen Personen und Institutionen bin ich dafür zu größtem Dank verpflichtet, dass sie mich bei den Recherchen zu Leben und Werk von NICOLAS HYACINTHE PARADIS bereitwillig unterstützt und mir auch großzügig und zumeist unentgeltlich Kopien ihrer Archivalien zur Verfügung gestellt haben. Ohne deren Hilfe hätte die vorliegende Arbeit nicht zustande gebracht werden können. Besonderer Dank sei jedoch Herrn THOMAS M. GERKE und dessen Gattin Frau Dr. REGINE GERKE ausgesprochen, die das Typoskript am Schluß kritisch durchgesehen haben.

Jürgen Storost

Romanische Sprachen und ihre Didaktik (RomSD)

Herausgegeben von Michael Frings und Andre Klump

ISSN 1862-2909

1   *Michael Frings und Andre Klump (edd.)*
    Romanische Sprachen in Europa. Eine Tradition mit Zukunft?
    ISBN 3-89821-618-7

2   *Michael Frings*
    Mehrsprachigkeit und Romanische Sprachwissenschaft an Gymnasien?
    Eine Studie zum modernen Französisch-, Italienisch- und Spanischunterricht
    ISBN 3-89821-652-7

3   *Jochen Willwer*
    Die europäische Charta der Regional- und Minderheitensprachen in der Sprachpolitik
    Frankreichs und der Schweiz
    ISBN 3-89821-667-5

4   *Michael Frings (ed.)*
    Sprachwissenschaftliche Projekte für den Französisch- und Spanischunterricht
    ISBN 3-89821-651-9

5   *Johannes Kramer*
    Lateinisch-romanische Wortgeschichten
    Herausgegeben von Michael Frings als Festgabe für Johannes Kramer zum 60. Geburtstag
    ISBN 3-89821-660-8

6   *Judith Dauster*
    Früher Fremdsprachenunterricht Französisch
    Möglichkeiten und Grenzen der Analyse von Leneräußerungen und Lehr-Lern-Interaktion
    ISBN 3-89821-744-2

7   *Heide Schrader*
    Medien im Französisch- und Spanischunterricht
    ISBN 978-3-89821-772-9

8   *Andre Klump*
    „Trajectoires du changement linguistique"
    Zum Phänomen der Grammatikalisierung im Französischen
    ISBN 978-3-89821-771-2

9   *Alfred Toth*
    Historische Lautlehre der Mundarten von La Plié da Fodom (Pieve di Livinallongo,
    Buchenstein) und Col (Colle Santa Lucia), Provincia di Belluno unter Berücksichtigung der
    Mundarten von Laste, Rocca Piétore, Selva di Cadore und Alleghe
    ISBN 978-3-89821-767-5

10 *Bettina Bosold-DasGupta und Andre Klump (edd.)*
    Romanistik in Schule und Universität
    Akten des Diskussionsforums „Romanistik und Lehrerausbildung: Zur Ausrichtung und Gewichtung von Didaktik und Fachwissenschaften in den Lehramtsstudiengängen Französisch, Italienisch und Spanisch" an der Johannes Gutenberg-Universität Mainz (28. Oktober 2006)
    ISBN 978-3-89821-802-3

11 *Dante Alighieri*
    De vulgari eloquentia
    mit der italienischen Übersetzung von Gian Giorgio Trissino (1529)
    Deutsche Übersetzung von Michael Frings und Johannes Kramer
    ISBN 978-3-89821-710-1

12 *Stefanie Goldschmitt*
    Französische Modalverben in deontischem und epistemischem Gebrauch
    ISBN 978-3-89821-826-9

13 *Maria Iliescu*
    Pan- und Raetoromanica
    Von Lissabon bis Bukarest, von Disentis bis Udine
    ISBN 978-3-89821-765-1

14 *Christiane Fäcke, Walburga Hülk und Franz-Josef Klein (edd.)*
    Multiethnizität, Migration und Mehrsprachigkeit
    Festschrift zum 65. Geburtstag von Adelheid Schumann
    ISBN 978-3-89821-848-1

15 *Dan Munteanu Colán*
    La posición del catalán en la Romania según su léxico latino patrimonial
    ISBN 978-3-89821-854-2

16 *Johannes Kramer*
    Italienische Ortsnamen in Südtirol. La toponomastica italiana dell'Alto Adige
    Geschichte – Sprache – Namenpolitik. Storia – lingua – onomastica politica
    ISBN 978-3-89821-858-0

17 *Michael Frings und Eva Vetter (edd.)*
    Mehrsprachigkeit als Schlüsselkompetenz: Theorie und Praxis in Lehr- und Lernkontexten
    Akten zur gleichnamigen Sektion des XXX. Deutschen Romanistentages an der Universität Wien (23.-27. September 2007)
    ISBN 978-3-89821-856-6

18 *Dieter Gerstmann*
    Bibliographie Französisch
    Autoren
    ISBN 978-3-89821-872-6

19 Serge Vanvolsem e Laura Lepschy
    Nell'Officina del Dizionario
    Atti del Convegno Internazionale organizzato dall'Istituto Italiano di Cultura
    Lussemburgo, 10 giugno 2006
    ISBN 978-3-89821-921-1

20 Sandra Maria Meier
    „È bella, la vita!"
    Pragmatische Funktionen segmentierter Sätze im *italiano parlato*
    ISBN 978-3-89821-935-8

21 Daniel Reimann
    Italienischunterricht im 21. Jahrhundert
    Aspekte der Fachdidaktik Italienisch
    ISBN 978-3-89821-942-6

22 Manfred Overmann
    Histoire et abécédaire pédagogique du Québec avec des modules multimédia prêts à l'emploi
    Préface de Ingo Kolboom
    ISBN 978-3-89821-966-2 (Paperback)
    ISBN 978-3-89821-968-6 (Hardcover)

23 Constanze Weth
    Mehrsprachige Schriftpraktiken in Frankreich
    Eine ethnographische und linguistische Untersuchung zum Umgang mehrsprachiger Grundschüler mit Schrift
    ISBN 978-3-89821-969-3

24 Sabine Klaeger und Britta Thörle (edd.)
    Sprache(n), Identität, Gesellschaft
    Eine Festschrift für Christine Bierbach
    ISBN 978-3-89821-904-4

25 Eva Leitzke-Ungerer (ed.)
    Film im Fremdsprachenunterricht
    Literarische Stoffe, interkulturelle Ziele, mediale Wirkung
    ISBN 978-3-89821-925-9

26 Raúl Sánchez Prieto
    El presente y futuro en español y alemán
    ISBN 978-3-8382-0068-2

27 Dagmar Abendroth-Timmer, Christiane Fäcke, Lutz Küster und Christian Minuth (edd.)
    Normen und Normverletzungen
    Aktuelle Diskurse der Fachdidaktik Französisch
    ISBN 978-3-8382-0084-2

28 *Georgia Veldre-Gerner und Sylvia Thiele (edd.)*
　　Sprachvergleich und Sprachdidaktik
　　ISBN 978-3-8382-0031-6

29 *Michael Frings und Eva Leitzke-Ungerer (edd.)*
　　Authentizität im Unterricht romanischer Sprachen
　　ISBN 978-3-8382-0095-8

30 *Gerda Videsott*
　　Mehrsprachigkeit aus neurolinguistischer Sicht
　　Eine empirische Untersuchung zur Sprachverarbeitung viersprachiger Probanden
　　ISBN 978-3-8382-0165-8 (Paperback)
　　ISBN 978-3-8382-0166-5 (Hardcover)

31 *Jürgen Storost*
　　Nicolas Hyacinthe Paradis (de Tavannes)
　　(1733 - 1785)
　　Professeur en Langue et Belles-Lettres Françoises, Journalist und Aufklärer
　　Ein französisch-deutsches Lebensbild im 18. Jahrhundert
　　ISBN 978-3-8382-0249-5

Abonnement

Hiermit abonniere ich die Reihe **Romanische Sprachen und ihre Didaktik** (RomSD) **(ISSN 1862-2909)**, herausgegeben von Michael Frings und Andre Klump,

- ❏ ab Band # 1
- ❏ ab Band # ___
  - ❏ Außerdem bestelle ich folgende der bereits erschienenen Bände:
    #___, ___, ___, ___, ___, ___, ___, ___, ___, ___, ___, ___

- ❏ ab der nächsten Neuerscheinung
  - ❏ Außerdem bestelle ich folgende der bereits erschienenen Bände:
    #___, ___, ___, ___, ___, ___, ___, ___, ___, ___, ___, ___

- ❏ 1 Ausgabe pro Band   ODER   ❏ ___ Ausgaben pro Band

Bitte senden Sie meine Bücher zur versandkostenfreien Lieferung innerhalb Deutschlands an folgende Anschrift:

Vorname, Name: _____

Straße, Hausnr.: _____

PLZ, Ort: _____

Tel. (für Rückfragen): _____ *Datum, Unterschrift:* _____

Zahlungsart

- ❏ *ich möchte per Rechnung zahlen*
- ❏ *ich möchte per Lastschrift zahlen*

bei Zahlung per Lastschrift bitte ausfüllen:

Kontoinhaber: _____

Kreditinstitut: _____

Kontonummer: _____ Bankleitzahl: _____

Hiermit ermächtige ich jederzeit widerruflich den *ibidem*-Verlag, die fälligen Zahlungen für mein Abonnement der Reihe **Romanische Sprachen und ihre Didaktik** (RomSD) von meinem oben genannten Konto per Lastschrift abzubuchen.

Datum, Unterschrift: _____

Abonnementformular entweder **per Fax** senden an: **0511 / 262 2201** oder 0711 / 800 1889 oder als **Brief** an: *ibidem*-Verlag, Julius-Leber Weg 11, 30457 Hannover oder als **e-mail** an: **ibidem@ibidem-verlag.de**

ibidem-Verlag

Melchiorstr. 15

D-70439 Stuttgart

info@ibidem-verlag.de

www.ibidem-verlag.de
www.ibidem.eu
www.edition-noema.de
www.autorenbetreuung.de

www.ingramcontent.com/pod-product-compliance
Lightning Source LLC
Chambersburg PA
CBHW070738230426
43669CB00014B/2501